ISSN 0371-327X

SITZUNGSBERICHTE DER SÄCHSISCHEN AKADEMIE
DER WISSENSCHAFTEN ZU LEIPZIG

Mathematisch-naturwissenschaftliche Klasse
Band 118 · Heft 4

N. JOACHIM LEHMANN

DIE ANALYTISCHE MASCHINE
GRUNDLAGEN EINER COMPUTER-ANALYTIK

AKADEMIE-VERLAG · BERLIN

1985

SITZUNGSBERICHTE DER SÄCHSISCHEN AKADEMIE DER WISSENSCHAFTEN ZU LEIPZIG

MATHEMATISCH-NATURWISSENSCHAFTLICHE KLASSE

Band 111

Heft 1 Prof. Dr. WILHELM MAIER, Vom Erbe Bernhard Riemanns 1975. 16 Seiten – 8° – M 2,50

Heft 2 Prof. Dr. med. HANS DRISCHEL, Organismus und geophysikalische Umwelt
1975. 50 Seiten – 25 Abbildungen – 1 Tabelle – 8° – M 7,–

Heft 3 Prof. Dr. MARIA HASSE, Zum Begriff des allgemeinen Produkts von Kategorien
1975. 32 Seiten – 8° – M 5,–

Heft 4 Prof. Dr.-Ing. Dr. h. c. KURT SCHWABE, Analytische Probleme des Umweltschutzes
1975. 28 Seiten – 9 Abbildungen – 2 Tabellen – 8° – M 3,50

Heft 5 Prof. Dr. WOLFGANG BUCHHEIM, Die kopernikanische Wende und die Gravitation
1975. 36 Seiten – 2 Farbtafeln – 8° – M 5,–

Heft 6 Prof. Dr. HERMANN BERG, Photopolarigraphie und Photodynamic
1975. 19 Seiten – 2 Abbildungen – 2 Tabellen – 8° – M 3,–

Heft 7 Prof. Dr. MANFRED GERSCH, Probleme der Insektizide aus heutiger Sicht
1976. 36 Seiten – 9 Abbildungen – 2 Tabellen – 8° – M 4,–

Band 112

Heft 1 Prof. Dr. WALTER BREDNOW, Spiegel, Doppelspiegel und Spiegelungen – eine „wunderliche Symbolik" Goethes 1975. 28 Seiten – 4 Abbildungen – 8° – M 3,–

Heft 2 Prof. Dr. ARTUR LÖSCHE, Über negative absolute Temperaturen. Eine Einführung
1976. 26 Seiten – 12 Abbildungen – 8° – M 4,–

Heft 3 Prof. Dr. med. HERBERT JORDAN, Kurorttherapie: Prinzip und Probleme
1976. 31 Seiten – 10 Abbildungen – 1 Tabelle – 8° – M 4,50

Heft 4 Prof. Dr. FRIEDRICH WOLF / Dr. PETER FRÖHLICH, Zur Druckabhängigkeit von Ionenaustauschreaktionen 1977. 13 Seiten – 6 Abbildungen – 1 Tabelle – 8° – M 2,–

Heft 5 Prof. Dr. DIETRICH UHLMANN, Möglichkeiten und Grenzen einer Regenerierung geschädigter Ökosysteme 1977. 50 Seiten – 20 Abbildungen – 2 Tabellen – 8° – M 6,50

Heft 6 Prof. Dr. ERICH RAMMLER, Zwei Jahrzehnte Entwicklung des Einsatzes der Energieträger Kohle und Erdöl im Weltmaßstab 1977. 29 Seiten – 6 Abbildungen – 4 Tabellen – 8° – M 4,–

Heft 7 Prof. Dr. ULRICH FREIMUTH, Umweltprobleme in der Ernährung
1977. 32 Seiten – 3 Abbildungen – 4 Tabellen – 8° – M 4,–

Band 113

Heft 1 Prof. Dr. ERICH LANGE, Allgemeingültige Veranschaulichung des II. Hauptsatzes
1978. 22 Seiten – 10 grafische Darstellungen – 8° – M 4,–

Heft 2 Prof. Dr. HERBERT BECKERT, Bemerkungen zur Theorie der Stabilität
1977. 19 Seiten – 8° – M 2,50

Heft 3 Prof. Dr. sc. KLAUS DÖRTER, Probleme und Erfahrungen bei der Entwicklung einer intensiven landwirtschaftlichen Produktion im Landschaftsschutzgebiet des Harzes
1978. 20 Seiten – 6 Abbildungen, davon 4 farbige auf 2 Tafeln – 2 Tabellen – 8° – M 7,–

Heft 4 Prof. Dr. sc. med. HANS DRISCHEL, Elektromagnetische Felder und Lebewesen
1978. 31 Seiten – 14 Abbildungen – 2 Tabellen – 8° – M 5,–

Heft 5 Prof. Dr. MANFRED GERSCH, Wachstum und Wachstumsregulatoren der Krebse. Biologische Erkenntnisse und generelle Erwägungen
1979. 32 Seiten – 13 Abbildungen – 1 Tabelle – 8° – M 6,–

ISSN 0371-327X

SITZUNGSBERICHTE DER SÄCHSISCHEN AKADEMIE DER WISSENSCHAFTEN ZU LEIPZIG

Mathematisch-naturwissenschaftliche Klasse
Band 118 • Heft 4

N. JOACHIM LEHMANN

DIE ANALYTISCHE MASCHINE
GRUNDLAGEN EINER COMPUTER-ANALYTIK

AKADEMIE-VERLAG · BERLIN

1985

Vorgetragen in der Sitzung am 3. Juni 1983
Manuskript eingereicht am 30. Dezember 1983
Druckfertig erklärt am 29. 11. 84

Erschienen im Akademie-Verlag, DDR-1086 Berlin, Leipziger Straße 3–4

Lizenznummer: 202 · 100/091/84
Printed in the German Democratic Republic
Gesamtherstellung: VEB Druckhaus „Maxim Gorki", 7400 Altenburg
LSV 1085
Bestellnummer: 763 467 6 (2027/118/4)

00800

INHALTSVERZEICHNIS

DIE ANALYTISCHE MASCHINE – GRUNDLAGEN EINER COMPUTER-ANALYTIK[1]) (ANALYSEN, BEITRÄGE UND EIN ENTWICKLUNGSPROGRAMM)

N. JOACHIM LEHMANN

1. Die Idee der Analytischen Maschine

Der englische Mathematiker und Philosoph CHARLES BABBAGE wird heute überall als Vorläufer aller Pionierarbeit zur Rechentechnik anerkannt [5]. Er hat bereits in der ersten Hälfte des vorigen Jahrhunderts einen Rechenautomaten auf mechanischer Basis konzipiert und mit dessen Entwicklung begonnen. Trotz seines genialen Weitblicks und seiner Fähigkeiten als Konstrukteur hatte er weder die Mittel noch als einzelner die Kräfte, um diese Aufgabe zu vollenden. Es blieb ihm nur eine ehrenvolle Anerkennung als „des Vaters der englischen Feinmechanik". Dabei erfaßte er mit aller Klarheit die Bedeutung seiner Zielstellung, die er 10 Jahre vor seinem Lebensende nochmals formulierte (1864):

'Half a century may probably elapse before ... any man shall succeed in really constructing an engine embodying in itself the whole of the executive department of mathematical analysis ... I have no fear of leaving my reputation in this charge ...'

Der Vergleich der auf dem Computer-Sektor erreichten Ergebnisse bestätigt heute die Richtigkeit der von BABBAGE erwarteten Leistungsfähigkeit des Rechners; zumindest, wenn man der sog. CHURCHschen Hypothese vertraut, werden alle konstruktiv ausführbaren mathematischen Aufgabenstellungen bereits mit einem primitiven Rechenautomaten des sog. TURING-Typs beherrschbar [26]. Die Breite der Anwendungen und die Bedeutung der EDV-Technik für die Wissenschaft, Produktion, Wirtschaft und im täglichen Leben übertrifft dabei wohl auch die kühnsten Vorstellungen dieses Rechenautomaten-Pioniers. Ihr Ausbau und ihre Erhaltung erfordert jährlich in den entwickelten Industrieländern bereits jetzt etwa 5% der gesamten volkswirtschaftlichen Aufwendungen. Dabei steht diese Entwicklung erst am Anfang; auf der Basis einer billigen mikroelektronischen Technologie werden immer neue Einzelgebiete erschlossen.

[1] Erweiterte Fassung eines Vortrages vor dem Plenum der Sächsischen Akademie der Wissenschaften zu Leipzig am 3. 6. 1983 mit dem Titel: Die Analytische Maschine – Grundlage einer anwendungsorientierten Rechentechnik. Ergänzt wurden vor allem die mathematischen Beiträge für den Einsatz des Computers als analytische Maschine.

Trotzdem stellt sich die Frage, ob heutige Rechenautomaten und ihre Leistungen den Vorstellungen von BABBAGE entsprechen, der immer an eine *analytische Maschine*[2]) dachte, die nicht nur mit Zahlen, sondern die auch formelmäßig analog zum Mathematiker operieren kann. Diese Arbeitsweise hat auch KONRAD ZUSE, der Rechenautomatenpionier, dem die Inbetriebnahme des ersten funktionierenden Computers vergönnt war, immer als möglich und entscheidend hervorgehoben. Dabei wird der Ausweg einer sogenannten Gödelisierung, die Transformation analytischer Aufgaben oder anderer Texte in den Bereich der Zahlenrechnung, außer Betracht gelassen. Hierbei gehen die für den Menschen wichtigen Darstellungsformen und Bezüge zur gedanklichen Erfassung der Zusammenhänge zumeist völlig verloren. Diese hohe Bewertung formelmäßiger Problembearbeitung entspricht dabei der Allgemeinheit der erreichbaren Ergebnisse und wird besonders deutlich, wenn die geschichtliche Entwicklung in der Mathematik in Betracht gezogen wird. Diese führt von der Lösung von Beispiel-Aufgaben im Zahlenbereich über die Suche nach Lösungsalgorithmen für möglichst umfassende Problemklassen zu Metaalgorithmen, deren Resultate selbst wieder Algorithmen für interessierende Aufgaben sind. Bei der letztgenannten, höchsten Abstraktionsstufe der konstruktiven Mathematik muß naturgemäß auf der Formel-Darstellungsebene operiert werden.

Entsprechend der gestellten Frage wird im folgenden 2. Kapitel der Einsatz der Rechentechnik durch den anwendungsorientierten Mathematiker analysiert: der Hauptteil der Arbeit erfolgt im numerischen Bereich, obwohl sich überall der Einsatz des Automaten zur Formelmanipulation anbietet. Auch die verfügbaren zahlreichen Formelmanipulationssysteme werden nach dem im Kapitel 3 gegebenen Überblick bisher nur in einigen Spezialgebieten wirklich breit genutzt. Dabei dominiert ein „algebraisches Konzept“, das exakt durchführbare Entwicklungen oder Bestimmung geschlossener Lösungen bevorzugt. Im 4. Kapitel werden die Vorzüge und Probleme einer analytischen Bestimmung von Näherungslösungen diskutiert und am Beispiel einer Störungsmethode für gewöhnliche Differentialgleichungen bis zur automatischen Bestimmung von Fehlerschranken ausgeführt.

Bei Ausnutzung des Rechners zur Durchführung analytischer Routinearbeiten erweisen sich auch sonst als aufwendig erscheinende Lösungsansätze als angemessene Hilfsmittel. Es eröffnet sich so eine Renaissance mathematischer Arbeitsweisen des 18. und 19. Jahrhunderts, die sich um approximative oder exakte Lösungen in der Gesamtheit rationaler Bildungen unter Einbeziehung elementarer Funktionen bemüht. Im 5. Kapitel wird hierzu ein enger Bezug zwischen Grundaufgaben einer Sprachtransformation, der üblichen Formel-

[2] BABBAGE nannte sein Gerät bezeichnenderweise „Analytical Engine“.

zerlegungen und den zuvor im 4. Kapitel benötigten Differentiationsalgorithmen, Schrankenberechnungen und LIPSCHITZ-Abschätzungen vorgeführt. Die Probleme der Sprach- und Formelverarbeitung können danach als Einheit verstanden und bearbeitet werden.

Im letzten, 6. Kapitel werden die zuvor dargelegten Erfahrungen zu einem Programm für die Entwicklung einer rechnergestützten, analytisch orientierten Praktischen Mathematik zusammengefaßt, die eine Kurzbezeichnung als Computer-Analytik rechtfertigt. Hierzu werden weitere Ergebnisse aus dem eigenen Arbeitsbereich im Überblick vorgestellt.

Bevor jedoch auf diese Probleme näher eingegangen wird, sei eine Bemerkung über die Zuverlässigkeit von Prognosen gestattet, die auch heute noch die Realisierung „höherer geistiger Leistungen“ mit dem Automaten in Zweifel ziehen: Im Jahre 1673 hat das durch seine Beiträge zur Elastomechanik bekannte Mitglied der englischen Royal Society, Herr HOOKE, 4 Monate nach der Vorstellung einer Rechenmaschine durch LEIBNIZ folgende Einschätzung zu Protokoll gegeben [7]:

1. Die Addition und Subtraktion wird am zweckmäßigsten mit Schreibzeug und Papier erledigt, das ist schneller und sicherer als mit jeglichem Instrument.
2. Potenz- und Wurzelberechnungen werden mit Hilfe BABINGTONscher Tafeln ausgeführt.
3. Zur Multiplikation und Division bedient man sich der aus NEPERS Rhabdologie bekannten Rechenstäbchen (auch die von Mons. PETIT vorgeschlagene Anordnung auf Walzen ist unzweckmäßig).

Neben diesen Aussagen erscheint allerdings das Versprechen etwas überraschend, daß „Herr HOOKE“ bald eine Maschine mit nur einem Zehntel des Aufwandes von der des „German“ (gemeint ist LEIBNIZ), aber 20-facher Leistung vorführen wolle — ein Versprechen, das nie eingelöst wurde.

Mit diesem (sinngemäßen) Zitat soll auch bei der Beurteilung der Möglichkeiten einer „Analytischen Maschine“ zur Vorsicht gemahnt werden, bevor zunächst zu anspruchsvoll erscheinende Voraussagen in den Bereich der Utopie verwiesen werden. [42]

2. Die Anwendung des Computers in der Numerik

Zu den Hauptnutzern der modernen Rechentechnik gehören im Bereich der Mathematik naturgemäß die (meist anwendungsorientierten) Numeriker. Dabei wurden lediglich in einer sehr frühen Anfangsphase der Entwicklung noch sehr maschinennahe Befehlslisten geschrieben. Damals verknüpften

Elementaranweisungen gespeicherte Zahlen durch eine einzelne arithmetische Operation und legten das Resultat wieder im Speicher ab. Diese Kommandos wurden in der Folge ihrer Aufschreibung abgearbeitet, sofern nicht ein Sprungbefehl diese Abfolge auf Grund eines inspizierten Zahlenwertes änderte. Seit etwa 25 Jahren werden demgegenüber die Aufgaben für den Rechner mit höheren Programmierungssprachen (zuerst mit FORTRAN) bereits recht transparent und konzentriert formuliert und ein Rückgriff auf elementare Maschinenbefehle vermieden.[3]) Damit hat sich die Mensch-Maschine-Kommunikation zum Anwender hin deutlich verbessert.

2.1. Die Entwicklung der Programmierungssprachen

Als Beispiel für den derzeitigen Stand der Programmierungstechnik soll zunächst der Schwerpunkt eines zwischen den Eckpunkten $P_i = (x_i, y_i, z_i)$ $(i = 1, \ldots, n)$ eingespannten und gleichmäßig mit Masse belegten Polygons bestimmt und ausgedruckt werden (vgl. Abb. 1). Zufolge der getroffenen Voraussetzungen darf die Masse m_i jeder Kante gleich deren Länge gesetzt und je zur Hälfte an deren Enden konzentriert werden (in Abb. 1 mit $\overline{m}_i$ bezeichnet). Mit $\vec{P}_i$ als Ortsvektor zum Punkt P_i ergibt sich der Ortsvektor des Schwerpunktes $\vec{P}_s$ mit

$$m_i = |\vec{P}_{i+1} - \vec{P}_i| = \sqrt{(x_{i+1} - x_i)^2 + (y_{i+1} - y_i)^2 + (z_{i+1} - z_i)^2}, \quad M = \sum_{i=1}^{n-1} m_i, \quad i = 1, \ldots, n-1 \qquad (1)$$

und $m_0 = m_n = 0$ zu $\vec{P}_s = \frac{1}{M} \sum_{i=1}^{n} \vec{P}_i \left(\frac{m_{i-1}}{2} + \frac{m_i}{2} \right)$.

Im Programm werden alle Summen wie üblich über die Teilsummen iterativ berechnet. Beispielsweise ergibt sich die Gesamtmasse M des Polygonzuges nach $M_0 = 0$, $M_j = M_{j-1} + m_j$ für $j = 1, \ldots, n-1$ zu $M = M_{n-1}$. Für die zur Aufgabe gehörige elementare Maschinenbefehlsliste (die über 100 Befehle enthält) können hier aus Aufwandsgründen nur einige Attribute angegeben werden, die gewiß keine Übertreibung enthalten:

unüberschaubare, ungegliederte, lange Befehlsfolge

(2)

[3] Es ist ein Anachronismus, wenn heute bei der Verwendung von Mikroprozessoren vom Anwender verlangt wird, auf diese niedrige Ebene der Programmierungstechnik zurückzugehen.

Mit Programmiersprachen wie ALGOL oder PL/1, die z. B. unseren ESER-Rechnern verfügbar sind, ergibt sich eine schon verstehbarere Form. Dabei werden die x,y,z-Komponenten der Punkte P_i in einer 2dimensionalen Matrix zusammengefaßt: $x_i = P[1, i]$, $y_i = P[2, i]$, $z_i = P[3, i]$ und die Komponenten des Schwerpunktes entsprechend mit $S[1]$, $S[2]$, $S[3]$ bezeichnet:

```
begin integer n; read (n);
        begin array P[1 : 3, 1 : n]; array S[1 : 3]; real L, M, mi;
        integer i, k; read (P);
        L := M := S[1] := S[2] := S[3] := 0;              ┐
        for i := 1 step 1 until n − 1 do                   │
begin mi := sqrt((P[1, i + 1] − P[1, i]) ↑ 2 + (P[2, i + 1] − P[2, i]) ↑ 2
        + (P[3, i + 1] − P[3, i])↑2);                      }
        for k := 1 step 1 until 3 do S[k] :=S[k] + P[k, i] * (L + mi);
        M := M + mi; L := mi                                │
end;                                                        │
        for k := 1 step 1 until 3 do S[k] := (S[k] + P[k, n] * L)/2/M; ┘
        print (S)
        end
end                                                                (3)
```

Ohne Frage stellt bereits das ALGOL-Programm (3) ein höheres Niveau der Algorithmenbeschreibung dar, das sich der konventionellen mathematischen Darstellungsform (1) sehr gut annähert, jedoch wegen der fehlenden Vektoroperationen immer auf die 3 Komponentendarstellungen zurückgehen muß. Diese Entwicklung setzt sich in Spezialprogrammierungssprachen fort. So kann für die Bildschirmtechnik auf eine Geometrie-Fachsprache GEOMET zurückgegriffen werden, bei der Punkte (**punkt**), Punktfelder (**punkt array**), Ortsvektoren (wie Punktbezeichnung), die Vektoraddition, das Skalarprodukt und die Multiplikation mit Skalaren (beides mit dem Operationszeichen $*$), der Abstandsbegriff und v. a. zu den Grundelementen zählen. Der zuvor gestellten Aufgabe entspricht das GEOMET-Programm:

```
begin integer n, i; real L, M, mi; punkt S; read(n);
      punkt array P[1 : n]; read(P);
      L := M := S := 0;                                   ┐
      for i := 1 .. n − 1 do mi := /P[i + 1] − P[i]/;     │
      S := S + P[i] * (L + mi); M := M + mi; L := mi od;  }
      S := (S + P[n] * L)/2/M; print(S)                   ┘
end.                                                             (4)
```

In diesem Fall werden die Vorteile der Vektorschreibweise wieder voll wirksam. Der eigentliche Berechnungsteil (in (3) und (4) durch }-Klamme-

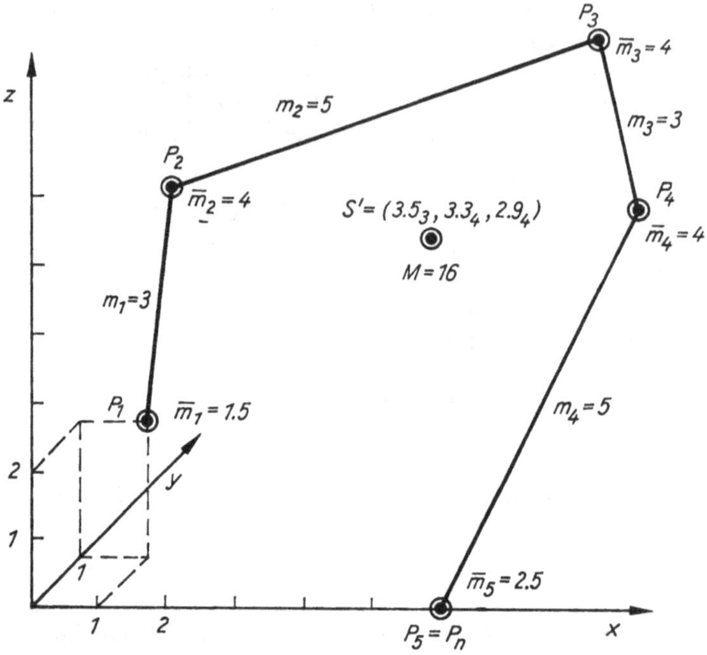

Abb. 1. Polygonzug (mit den Punkten $P_1(1, 1, 2)$, $P_2(0, 3, 4)$, $P_3(4, 6, 4)$, $P_4(6, 4, 3)$, $P_5(6, 0, 0)$) und an den Kantenenden konzentrierten Ersatzmassen $\overline{m}_i$

rung gekennzeichnet) schrumpft und entspricht der ursprünglichen mathematischen Darstellung (1). Es wird dabei deutlich, daß mit derartigen Fach-Programmierungssprachen die in einem Fachgebiet ggf. seit Jahrhunderten akkumulierten Erfahrungen und Begriffsbildungen auch beim Automateneinsatz genutzt werden, und der Zusammenhang zwischen Sprache und Denken bleibt gewahrt [40, 41].

Trotzdem wird die Hauptleistung bei der Abarbeitung eines ALGOL- oder GEOMET-Programmes wie (3) oder (4) auf dem Rechenautomaten fast immer im numerischen Bereich gesehen; die Umsetzung der Darstellung für den Algorithmus in das interne Maschinen-Programm wertet der Mathematiker zumeist als notwendige, aber unwesentliche „Zutat“. Sie wird in den Zuständigkeitsbereich eines (anonymen) „Informatikers“ verwiesen. Ob damit aber die Leistung und der mathematische Gehalt der Computerarbeit richtig gewertet sind, muß bestritten werden. Gerade hier bei der Sprachverarbeitung, bei der Umsetzung der Programme in eine Maschinenbefehlsliste beweist sich nämlich eine analytische Arbeitsweise des Automaten, die über das Zahlenrechnen hinausgeht.

Bevor jedoch diese Zusammenhänge zwischen Sprachtransformationen und traditionellen Arbeitsaufgaben und Hilfsmitteln einer mathematischen Analysis im Kapitel 5 genauer beleuchtet werden, sollen die sprachlichen Grundlagen und ihre Verbindung zu mathematischen Problemstellungen an umfassenderen und moderneren Aufgabenstellungen weiter verfolgt und der gegenwärtige Entwicklungsstand aufgezeigt werden.

2.2. Der Aufbau von Programmpaketen und -systemen [37, 21, 61]

In der modernen Rechentechnik vollzieht sich derzeit ein Integrationsprozeß, bei dem zunehmend Einzelalgorithmen in Programmpaketen und -systemen zusammengefaßt werden. Damit lassen sich dann komplexere Aufgabenklassen effektiv bearbeiten. Letztere können hierbei mathematischer oder auch technischer Natur sein und beispielsweise die Probleme der Baustatik oder Strömungsmechanik betreffen (vgl. hierzu etwa [55, 20, 30]).

Die Untersuchung der heute in einem Programmpaket üblichen und/oder notwendigen Anteile analytischer Computerarbeit wird an einem System AWA durchgeführt, das zur numerischen Lösung von Anfangswertaufgaben bei gewöhnlichen Differentialgleichungen vom Institut für Mathematik der AdW der DDR bereitgestellt wurde [27]. Es darf als typisch für den Stand der Technik gelten, ist leicht zu überblicken und wurde zudem in der eigenen Arbeitsgruppe in mehreren Dissertationen bezüglich der sprachlichen Grundlagen, der Handhabung, des Automatisierungsgrades sowie hinsichtlich der möglichen Einsatzbreite wesentlich weiterentwickelt (vgl. insbes. Abschnitt 2.3.).

Die Tabelle 1 stellt hierzu die im AWA realisierten numerischen Integrationsverfahren den verschiedenen Problemklassen und Eigenheiten gegenüber, die damit berücksichtigt werden können [27].

Die Aufgaben für das Paket AWA müssen dabei vom Nutzer mit vorgeschriebenen Bezeichnungen als System von Differentialgleichungen 1. Ordnung in einer an PL/1 angelehnten Normalform bereitgestellt werden, bei der noch zwischen explizit oder implizit erfaßten Beziehungen unterschieden wird. Desgleichen sind Angaben über die Steifigkeit[4]) des Systems und evtl.

[4] Die automatische Bestimmung der Steifigkeit verlangt aufwendige Abschätzungen der Eigenwerte der Jacobi-Matrix im Lösungsbereich und die Zuordnung von Lösungsverfahren, bei denen die Fehlerfortpflanzung zufolge eines den o. a. Eigenwerten entsprechenden linearen Terms einer Differenzengleichung stabil bleibt. Vgl. Sandmann und Jahnke in [56], S. 56/57.

Hinweise auf die geforderte Genauigkeit oder auf ein speziell gewünschtes Lösungsverfahren zweckmäßig; notfalls werden vom Programmpaket Standardannahmen vorgesehen. Die Schrittweitensteuerung erfolgt automatisch. Wird für ein Verfahren z. B. eine JACOBI-Funktionalmatrix benötigt, so ist diese vom Anwender vorzubereiten — z. T. ist hierzu eine Approximation

Tabelle 1.

Algorithmen und Aufgabenklassifikation im AWA

JACOBI-Matrix erforderlich	Aufgabenklasse: (y, y' als Vektoren)	$y'=f(x,y)$ (explizit)				$f(x,y,y')=0$ (implizit) und/oder mit NB $f(x,y)=0$ (algebro-implizit)			
	Steifigkeit:	nicht steif		steif		nicht steif		steif	
	Genauigkeitsforderung: / VERFAHREN:	gering	mittel/hoch	gering	mittel	gering	mittel/hoch	gering	mittel
nein	explizite RUNGE-KUTTA-Verfahren verschiedener Ordnung	X							
nein	Extrapolationsverfahren GRAGG-BURLISCH-STOER		X						
ja	DAHLQUIST-LINDBERG-Verfahren (steif-stabil)			X					
ja	Einschrittverfahren blockimplizit (steif-stabil)			X		X	X	X	X
ja	ENRIGHT-Verfahren (steif-stabil)				X				
(ja)	Verfahren nach GEAR (steif-stabil)				X				
(ja)	Verfahren nach GEAR bei schwach besetztem f_y				X				

mittels Differenzenquotienten möglich (in der Tabelle 1 in 1. Spalte geklammerte Hinweise). So lautet für die Schwingungsgleichung zweier durch Federn nichtlinear verbundener Massen:

$$m_1 * x_1'' + c * (x_1 - x_2)^3 = 0, \quad m_2 * x_2'' + c * (x_2 - x_1)^3 = 0 \tag{5}$$

mit $\quad 0 \leqq t \leqq 10, \quad x_1(0) = x_2(0) = x_2'(0) = 0, \quad x_1'(0) = v_0$

und $\quad m_1 = 1.5, \quad m_2 = 12.5, \quad c = 7, v_0 = 3$

die Normaldarstellung im Programmpaket AWA:

```
FKT:      PROC (X, Y, YABL); DCL(X, (Y, YABL) (*)) FLOAT(16);
          YABL(1) = Y(3); YABL(2) = Y(4);
          YABL(3) = – 7/1.5 * (Y(1) – Y(2)) ** 3;
          YABL(4) = – 7/12.5 * (Y(2) – Y(1)) ** 3;
END FKT;
JACO:     PROC(X, Y, JY); DCL(X, Y(*), JY(*, *)) FLOAT(16);
          JY = ∅; JY(1, 3) = 1; JY(2, 4) = 1;
          JY(3, 1) = – 3 * 7/1.5 * (Y(1) – Y(2)) ** 2;
          JY(3, 2) = 3 * 7/1.5 * (Y(1)– Y(2)) ** 2;
          JY(4, 1) = 3 * 7/12.5 * (Y(2)– Y(1)) ** 2;
          JY(4, 2) =–3 * 7/12.5 * (Y(2)– Y(1) ** 2;
END JACO;
STEUERFOLGE: ONCE; OUT: 0(0.25)10; N = 4; XA = 0, XE = 10,
             EPS = 1E–3, YA(1) = YA(2) = YA(4) = 0, YA(3) = 3;
```
(6)

(In die zuletzt angegebene Steuerfolge zum Lösungsprozeß können auch Angaben über das zu benutzende Verfahren eingefügt und damit Kenntnisse zum Problem eingebracht werden.)

Es ist offensichtlich, daß die Einhaltung streng normierter, nicht problembedingter Bezeichnungen, die geforderte Schreibung als Differentialgleichungssystem 1. Ordnung, die von Hand zu berechnende JACOBI-Funktionalmatrix die Übersichtlichkeit der Darstellung verschlechtern und sehr viele Fehlermöglichkeiten in sich bergen. In der Praxis liegen oft Systeme mit 20 und noch mehr Differentialgleichungen vor! Außerdem ändert sich die Normalform im Falle impliziter Differentialgleichungen, wobei die Schlüsselworte FKT und JACO in (6) durch Bezeichnungen FCT und JACOB zu ersetzen sind. Auf jede Unaufmerksamkeit hierbei reagiert der Automat wie bei einem schweren Fehler. Der Vorteil dieser Beschreibungsform besteht darin, daß die maschineninterne Umsetzung in ein lauffähiges PL/1-Programm und die notwendige Einbeziehung von Standardprozeduren mit vorgesehenen Lösungsverfahren (s. Tab. 1) sehr einfach bleiben.

Der analytische Anteil bei der Bearbeitung derartiger Aufgabenbeschreibungen in der Maschine besteht im wesentlichen in der Sprachtransformation. Die Differentiationen für die Jacobi-Matrix müssen zuvor manuell erledigt werden (der mögliche Ersatz durch Differenzenausdrücke beeinträchtigt Genauigkeitsforderungen).

2.3. Programmpakete und problemorientierte (Fach)-Programmierungssprachen

Der nächste Schritt einer anwenderfreundlichen Kommunikation mit dem Rechner verlangt eine an die Problemstellung des Programmpaketes angepaßte, d. h. eine aus dem Problemkreis heraus gewachsene problemorientierte Programmierungssprache [37, 21]. Im Beispiel des vorigen Abschnitts bedingt das eine an die ursprüngliche Aufgabe (5) eng angeschlossene Bezeichnung, die Übernahme der analytischen Arbeiten zur Transformation auf Normalform usw. durch den Rechner. Für das Programmpaket AWA wurde dies durch ein Modellsystem DESIV (differential equation system initial value problem) verwirklicht, das in Dresden z. Z. auf der BESM-6-Rechenanlage[5]) verfügbar ist. Für die Maschine ist jetzt auch die folgende Aufschreibung der Aufgabe (5) „verständlich“:

begin initial value problem ||*Bewegung verbundener Massen*|| BVM
    compute functions $x1(t)$, $x2(t)$
    from equations $1.5 * x1'' + 7 * (x1 - x2) ** 3 = 0$
        $12.5 * x2'' + 7 * (x2 - x1) ** 3 = 0$
    solution interval $0 < = t < = 10$
    initial values $x1(0) = x2(0) = x2'(0) = 0,\ x1'(0) = 3$
end problem BVM;
conditions for BVM **lattice points** 0 (0.25) 10
        precision 10^{-3}
end conditions; solve problem BVM **print only**;
end eop (7)

Diese Darstellung ist leicht zu verstehen (die Potenzierung wird durch ** gekennzeichnet), wenn auch noch recht kommandoorientiert. Tatsächlich sind sogar viele Variationen der Bezeichnung zugelassen, und auch inhaltlich

[5] Die Implementation erfolgte aus Verfügbarkeitsgründen auf der BESM-6, obwohl deren geringe operative Speicherkapazität erhebliche Beschränkungen auferlegte. Daher ist in den nächsten Jahren eine Umsetzung auf ESER-Anlagen vorgesehen.

können Parameter, Lösungszyklen, Ausgabegestaltung und dergleichen sachgerecht berücksichtigt werden.

Bei der Bearbeitung durch den Automaten muß dieser wesentliche analytische Arbeiten leisten. So wird intern die zuvor bei (6) gezeigte AWA-Normalform hergestellt und ggf. die JACOBI-Funktionalmatrix hinzugefügt. Damit können die mit AWA bereitgehaltenen Lösungsverfahren weiter ausgenutzt werden. Im einzelnen handelt es sich um die formelmäßige Auflösung nach der höchsten Ableitung, falls diese überall linear auftritt, entsprechend dem folgenden Beispiel (8):

$$\begin{array}{ll} y'' + z'' = e^{y'} * x^2 & \xrightarrow[\text{Auflösung}]{} \; y'' = (e^{y'} * x^2 + y * z)/(2 + y'), \\ (1 + y') * y'' - z'' = y * z & \qquad z'' = \big(e^{y'} * x^2 * (1 + y') - y * z\big)/(2 + y') \end{array} \tag{8a}$$

oder, sofern Gleichungen für die eindeutige Auflösung nach der höchsten Ableitung fehlen, nach Differentiation

$$\begin{array}{lll} y'' + z'' = e^{y'} * x^2 \xrightarrow[\text{Ergänzung durch Ableitung}]{} & y'' + z'' = e^{y'} * x^2 \xrightarrow[\text{Auflösung}]{} & y'' = e^{y'} * x^2 - y' * z - y * z' \\ & z' = y * z & \\ z' = y * z & z'' = y' * z + y'' z' & z' = y * z. \end{array} \tag{8b}$$

Anschließend wird das Differentialgleichungssystem 1. Ordnung mit den vorgeschriebenen Bezeichnungen hergestellt usw. Dabei wird von der Transformation gleichzeitig eine Klassifikation des Problems mitgeliefert, die auch im Lösungsprozeß ausgenutzt werden kann. Das ist in Abb. 2 angedeutet (aus Aufwandsgründen wird z. Z. nur ein Teil davon ausgeführt bzw. im Programmpaket DESIV verwendet).

Das Programmpaket DESIV gestattet nach einer fertiggestellten Dissertation [61] auch die Lösung von sehr allgemeinen Randwertaufgaben: $f(x, y, \ldots, y^{(n)}) = 0$, $F(y, \ldots, y^{(n-1)}) =$ konst. mit $F : C^{(n-1)} \to \mathbb{R}$, wo $f, F, y^{(i)}$ ggf. Vektoren darstellen. Die Sprache wurde entsprechend ausgebaut und die automatische Steuerung der Verfahrenswahl bedeutend erweitert und verbessert. Dabei werden aus der sprachlichen Textanalyse zur Aufgabe (vgl. Abb. 2) die Ordnung des Differentialgleichungssystems, die Größe des Lösungsintervalls, eventuelle Linearität sowie eine Grundlage für die Bestimmung des Aufwandes bei den benötigten Funktionsberechnungen entnommen. Ergänzt wurde eine Abschätzung der Steifigkeit der Systeme. Unter Verwendung eines lernfähigen Klassifikationssystems erhalten damit rund 95% aller Aufgaben das jeweils effektivste Lösungsverfahren zugeordnet; die starre Strategie von AWA konnte das nur in ca. 60% der Fälle leisten.

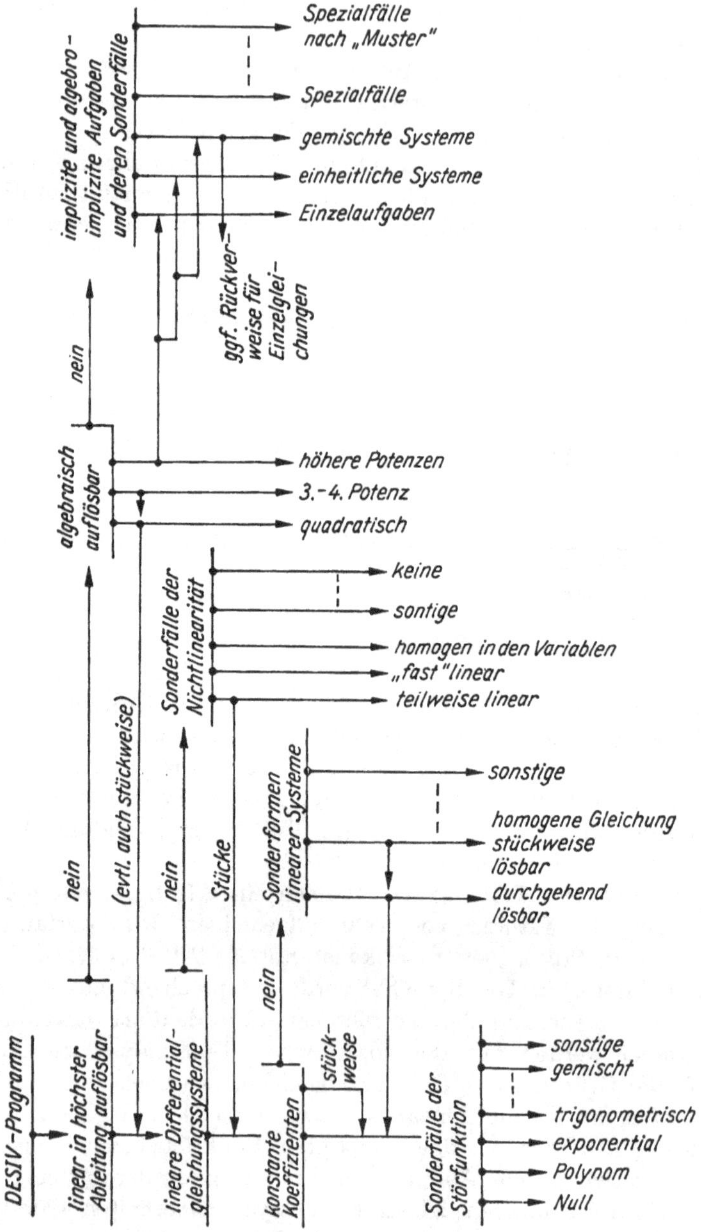

Abb. 2. Analyse eines DESIV-Programms und Klassifikationsschritte

Weiter wurden die Anschlußmöglichkeiten für analytische Lösungsverfahren (vgl. Kap. 4 und 5) und zugehörige Fehlereingrenzungen verbessert.

Im Programmpaket DESIV und seinen Weiterentwicklungen werden damit für die Bearbeitung der großen Klasse gewöhnlicher Differentialgleichungen erhebliche analytische Arbeiten an den Rechenautomaten delegiert. Die dem Anwender und Nutzer von DESIV durch den Computer abgenommenen Hilfsarbeiten (Transformation des Systems auf Normalform, Ergänzung durch Jacobi-Matrix, optimale Verfahrensauswahl, Einarbeitung von Rand- und Nebenbedingungen) würden den Bearbeiter z. T. über Tage oder auch Wochen beansprucht haben, ohne daß die Zuverlässigkeit einer automatisierten Bearbeitung erreicht werden kann. Während das Programmpaket AWA nach 2.2. noch sehr maschinenorientiert arbeitet und etwa den Stand der heutigen EDV-Praxis repräsentiert (ohne daß damit ein Urteil über die implementierten numerischen Verfahren abgegeben werden soll), ist in DESIV bereits ein wesentlicher neuer Entwicklungsschritt verwirklicht und die Vorbereitungsarbeit zum Einsatz des Programmpakets im Interesse einer bequemen Handhabung durch den Anwender deutlich reduziert. Die verwendeten Lösungsmethoden sind jedoch immer noch rein numerisch orientiert und ohne direkte Anschlußstellen an evtl. mögliche (vgl. hierzu Kap. 4 und 5) und vorteilhafte analytische Bearbeitungsverfahren konzipiert.

Realisiert wurden die in DESIV und dessen Weiterentwicklung erforderlichen Transformationen des Differentialgleichungssystems und die Überführung des Programms in die interne Maschinendarstellung mit dem Dresdner Fachsprachensystem DEPOT[6]) [8, 38, 39]. Dieses wurde ursprünglich nur für die Definition und automatische Implementierung von Fach-Programmierungssprachen entwickelt, hatte aber seine Eignung für Formelmanipulationen bereits bei entsprechenden Versuchen [19, 39] erwiesen. (Für Differentiationsaufgaben diente auch eine hierfür verfügbare BESM-6-Prozedur [34].) Insgesamt demonstriert bereits diese Arbeit den engen Zusammenhang zwischen Sprachübersetzungsaufgaben und Formeltransformationen bei analytischer Tätigkeit, der im Kapitel 5 weiter verfolgt werden soll. Diese Verbindungen müssen in Zukunft wesentlich stärker ausgebaut und ausgenutzt werden, als das heute der Fall ist. Schrittweise lassen sich damit auch Problemlösungsprozesse ohne Zusatzmechanismen automatisieren: Als Beispiel hierfür kann das zur Herstellung der Normalform für ein Differentialgleichungssystem notwendige *Erkennen* der Linearität des Systems in den höchsten Ableitungen und das *Auflösen* des entsprechenden Gleichungssystems

6 DEPOT = Dresdner Programm-Transformationssystem. Es ist als Metasprache implementiert und kann als Vorübersetzersystem oder auch als Compiler-Compiler benutzt werden.

(etwa formelmäßig mit dem GAUSSschen Algorithmus) nach diesen Ableitungen (vgl. das Beispiel in Gleichung (8a) und (8b)) als selbständige Teilaufgabe im Lösungsprozeß der Gesamtproblematik gewertet werden. Analoges gilt auch für die anschließende Bewertung der Aufgaben und die sachgerechte Zuordnung von (numerischen) Lösungsverfahren.

3. Formelmanipulationssysteme und ihre Anwendungen

Bereits in den 50er Jahren begann die Entwicklung von Formelmanipulationssystemen (kurz: FMS), die zunächst besonders die Ausführung der einfachen Differentiationskalküle und die Operationen mit Polynomen dem Computer übertragen wollten [48, 63, 25]. Inzwischen wurde die Leistungsfähigkeit solcher Systeme immer höher getrieben und ihre Anzahl dürfte sich der Hundert nähern. Während manche der FMS auf die Behandlung von Einzelproblemen zugeschnitten sind (z. B. [34]), befassen sich andere mit der Formelmanipulation ganz allgemein (Systeme wie FORMAC [62, 4], MACSYMA [44], REDUCE-2 und ANALYTIK-74 [28] usw.). Dabei können beliebige Ausdrücke oder Systeme solcher bearbeitet werden, die aus Konstanten, Variablen oder allgemeineren Datenstrukturen unter Einbeziehung elementarer Standard- oder auch individuell definierter Funktionen mittels der üblichen arithmetischen (oder ebenso z. B. logischer) Operationen gebildet werden. Automatisch oder auf Anforderung werden die Ausdrücke analysiert, in Normalformen dargestellt, zusammengefaßt oder aufgespalten. Gemeinsame Teilausdrücke können aufgesucht und zur Vereinfachung abgekürzt bezeichnet werden u. v. a. Neben Substitutionen, parallel oder in Sequenz ausgeführt, können finite Summationen, Differentiationen, Integrationen — soweit sie geschlossen möglich sind —, Reihenentwicklungen verschiedener Art, algebraische Algorithmen, aber auch geschlossene Lösungen gewöhnlicher Differentialgleichungen aufgefunden und bearbeitet werden. Dabei sind besonders zur Integration [54, 46, 14] und bei einzelnen Klassen gewöhnlicher Differentialgleichungen gegenüber den Ergebnissen aus dem 18. und 19. Jahrhundert z. T. abschließende, z. T. neue Resultate erzielt worden [16, 17]. Diese zuletzt genannten Leistungen sind dabei nur teilweise und sehr systemabhängig in die verschiedenen FMS integriert und stellen oft ergänzende Anwenderprogramme (Prozeduren) dar.

Es ist hier nicht möglich, auf die verschiedenen FMS und ihre Eigenheiten im einzelnen einzugehen, sie sind heute noch zu vielgestaltig, und es fehlt auch eine Standardisierung. Letztlich ist es nötig, bei der Anwendung zu jedem der Systeme die zugehörige Dokumentation zu Rate zu ziehen; oft genug fehlen sogar dann noch interessierende Informationen, so daß die Verhaltensweisen der FMS an sehr vielen Stellen erst durch das Experiment festgestellt werden müssen. Ein weiterer Nachteil mancher Systeme besteht darin, daß sie auf der Grundlage einer nicht als Standard geltenden Sprache implementiert wurden (z. B. benutzt MACSYMA [44] einen LISP-Dialekt, der sonst nicht mehr gebräuchlich ist). Es sind dies alles Zeichen einer noch jungen, dynamischen und noch nicht ausgereiften Entwicklung, bei der sowohl das Arbeitsinstrumentarium als auch der Arbeitsgegenstand in ständigem Wandel begriffen sind.

Einen Überblick über zahlreiche FMS und ihre Einsatzmöglichkeiten gibt [64]. Von der umfangreichen Spezialliteratur können hier nur die Monografien zur „Automatischen Differentiation" [51], über die „Computer Algebra" [9] sowie ein Überblick über Anwendungen der FMS aus der Schriftenreihe des WBZ MKR/IV der TU Dresden [60] genannt werden. Dabei schließt diese Computer-Algebra auch die Bestimmung geschlossen lösbarer Integrale und die analoge Integration von Klassen gewöhnlicher Differentialgleichungen ein, soweit dafür algebraisierende Algorithmen vorliegen (vgl. z. B. in [9, 11]). Bei den letzteren Aufgaben zeigen sich sofort die Grenzen bei der bisherigen Ausnutzung der FMS im analytischen Bereich, es wurden die dafür notwendigen Hilfsmittel zur Abschätzung für Funktionen oder Operatoren, LIPSCHITZ-Bedingungen usw. zumindest nicht systematisch entwickelt und bereitgestellt.

Obwohl FMS natürlicherweise zur Analyse der Formeln die gleichen Mechanismen und die dabei gesammelten Erfahrungen wie in Programmierungssprachcompilern oder -interpretern ausnutzen, verlief ihre Entwicklung davon relativ unabhängig. Die sonst üblichen Sprachen wie FORTRAN, ALGOL, PL/1 und auch PASCAL sind vor allem auf die Bearbeitung numerischer Probleme zugeschnitten; die Formelmanipulation schien einer anderen Sprachebene zu entsprechen. Diese Feststellung gilt unbeschadet der Tatsache, daß manches FMS direkt als Erweiterung einer dieser Sprachen — z. B. als FORMULA-ALGOL [49] — realisiert oder mittels Präprozessor auf eine solche zurückgeführt wurde. Auf jeden Fall schien sich der Umfang von Compilern untragbar aufzublähen, wenn sogar noch Formelmanipulationsmöglichkeiten angebaut werden sollten. Die Erfahrungen bei den Untersuchungen der Programmpakete AWA und DESIV in den Abschnitten 2.2. und 2.3. zeigen jedoch, daß die separate Behandlung von programmierungssprachlichen, numerischen und analytischen (algebraischen) Komponenten letztlich zu einem wesentlich höheren zeitlichen und programmtechnischen Aufwand führt. Da inzwischen die einseitige numerische Orientierung der Universal-Programmierungssprachen als überwunden gelten kann, müssen die Möglichkeiten zu einem sachgerechten Anschluß von FMS-Modulen, z. B. an den Analyseteil eines Compilers, in Zukunft weit sorgfältiger als bisher beachtet und ausgebaut werden. Dafür spricht auch die Tatsache, daß die Verwendung attributierter Grammatiken für alle Sprachen dialogfähige Implementationen ermöglicht [43] und bisherige Vorteile von „load and go"-orientierten Sprachen, wie FORTRAN, LISP usw., ausgleicht. Die enge inhaltliche Verbindung dieser Komponenten wird daher im Kapitel 5 dieser Arbeit nochmals hervorgehoben.

Die weitgehende Trennung von (allgemein-)sprachlicher Transformation (im Compiler oder Interpreter) und der Formelmanipulation blieb auch bei der Automatisierung der Sprachimplementation bestehen. Obwohl gerade ein compiler-schreibendes System — ausgehend von einer formalisierten Sprachdarstellung (Grammatik und Semantik) — automatisch Analyse/Synthese-Algorithmen für die Umsetzung der Sätze der zu implementierenden Sprache erzeugt, die im Prinzip sofort auch die Kalküle der Formelmanipulation realisieren können, wurde diese Möglichkeit kaum gesehen und ausgenutzt. (Vgl. hierzu Kapitel 5: die Zerlegung einer Formel im KANTOROWITSCH-Graphen entspricht der normalen Compilierung, die weitere Transformation z. B. nach 5.4.2. in einen LIPSCHITZ-Mechanismus ist eine Formelmanipulationsaufgabe.) Die Realisierung des Differentialkalküls auf der Basis des Fachsprachen-Definitions- und Implementationssystems DEPOT (s. Fußnote [6]) und [8, 38]) in einer von LÖTZSCH gestellten Diplomarbeit [19, 39] als „Fachsprache" und die im Programmpaket DESIV nach Kap. 2.3. gleichfalls mit dem DEPOT-System ausgeführten analytischen Arbeiten stellen Ausnahmen dar. Auch hierbei hat sich die Ausnutzung attributierter Grammatiken für DEPOT als besonders vorteilhaft erwiesen.

Bei der Analyse der Haupteinsatzgebiete für FMS an Hand der Beiträge [9, 11, 60, 64] zeigt sich, daß dabei vor allem nach geschlossenen Lösungen gesucht wird oder Entwicklungen ohne eine exakte Fehlerabschätzung benutzt werden (z. B. in der Himmelsmechanik). Häufig haben FMS einfache, aber umständliche Operationsfolgen und Fall-Darstellungen auszuführen (z. B. in Relativitätstheorie und Quantenmechanik). Trotz frühzeitiger Hinweise auf die Möglichkeiten des Einsatzes der Rechenautomaten für die Bewältigung von Abschätzungen und die Bestimmung von Fehlerschranken, z. B. in [36], blieb dieses Arbeitsgebiet weitgehend unbeachtet. In der Numerik haben FMS nur gelegentlich bei der Ermittlung von Ableitungen eingehender Funktionen (JACOBI- oder HESSE-Matrizen), bei exakt möglichen Integrationen oder bei Problemen der linearen Algebra eine bescheidene Rolle gespielt. Als Methode hat bei der Lösung von mathematischen Aufgaben die Numerik ihre dominierende Stellung behauptet; die Bereitstellung sog. Qualitätssoftware ist ein Ausdruck dafür.

Im folgenden Kapitel 4 soll gezeigt werden, wie sich der Computer zur Durchführung analytisch orientierter Lösungsverfahren für wichtige mathematische Aufgabenklassen bis hin zu einer sachgerechten Abschätzung der möglichen Fehler ausnutzen läßt. Die bisher vor allem für algebraisch orientierte Algorithmen genutzten FMS müssen dabei wesentlich intensiver als bisher auch für kontrollierte Näherungsrechnungen eingesetzt werden. Das Fehlen einer solchen Entwicklungslinie der praxisorientierten Mathematik läßt sich dabei durch den Hinweis auf eine Unzahl existierender Fachbücher der Numerischen Mathematik belegen, während noch kein einziges Lehrbuch für die Methoden einer rechnergestützten, analytisch orientierten praktischen Mathematik bekannt ist. Die mathematisch/analytischen Arbeitsweisen und die durch den Rechner stark geförderten numerischen Verfahren wurden noch zu wenig integriert. Im folgenden Kapitel sollen die Vorteile und Möglichkeiten einer rechnergestützten analytischen Lösungsmethodik an der wichtigen Aufgabenklasse der gewöhnlichen Differentialgleichungen demonstriert werden, die zusammen mit den Erfahrungen zu Programmpaketen im Kapitel 2 als Grundlage für ein Programm zur Förderung einer Computer-Analytik dienen sollen (Kapitel 6). Es wird dabei deutlich, daß in Zukunft numerische und analytische Methoden und Verfahren als Basis für den Computereinsatz gemeinsam ausgebaut werden müssen. Die Ausnutzung des Rechenautomaten als Analytische Maschine eröffnet der Anwendung der Mathematik neue Bereiche und führt auch zu übersichtlicheren Resultatdarstellungen.

4. Vorzüge, Methoden und Probleme analytischer Lösungsdarstellung

4.1. Vorteile analytischer Lösungen oder Näherungen dafür

Die Nachteile rein numerischer Lösungen für Anwendungen werden offensichtlich, wenn etwa Parameterabhängigkeiten vorliegen und der Konstrukteur oder andere Anwender besonders das qualitative Verhalten des Vorganges kennen muß. Das folgende Beispiel stammt aus der Praxis und gehört zu einem Wärmeleitungsproblem in Stäben mit nichtlinearer Wärmequelle [59] (der auftretende Faktor α wird dort auf $0 \leqq \alpha \leqq 0{,}8$ beschränkt).

$$y'' + \frac{y'}{x} + \alpha e^{y} = 0, \quad y'(0) = y(1) = 0, \tag{9}$$

$$0 \leqq x \leqq 1, \quad 0 \leqq \alpha \leqq 1.$$

Der folgende Ausschnitt aus einer numerischen Lösungstabelle (deren zahlenmäßige Berechnung wegen des Faktors $\frac{1}{x}$ noch mit Schwierigkeiten verbunden ist) gibt nur einen sehr vagen Eindruck vom Verhalten des Systems.

Tabelle 2.
Darstellung von $y * 10$ zu Gl. (9)

x	α 0.1	0.5	1.0
0	0.25_5	1.38_6	3.14_2
0.2	0.24_5	1.32_9	3.00_7
0.4	0.21_4	1.15_8	2.60_6
0.6	0.16_3	0.87_6	1.95_6
0.8	0.09_1	0.48_8	1.07_7
1	0	0	0

Die komplette „Vertafelung" liefert einen Zahlenberg, aus dem eine „Zusammenschau" dann das Verhalten der Lösungsschar ergeben soll. Mein verehrter Freund, Professor Walther, einer der Pioniere der Praktischen Mathematik, nannte das euphemistisch die „Mosaikmethode" und hat sie trotz ihrer unübersehbaren Nachteile auch praktiziert.

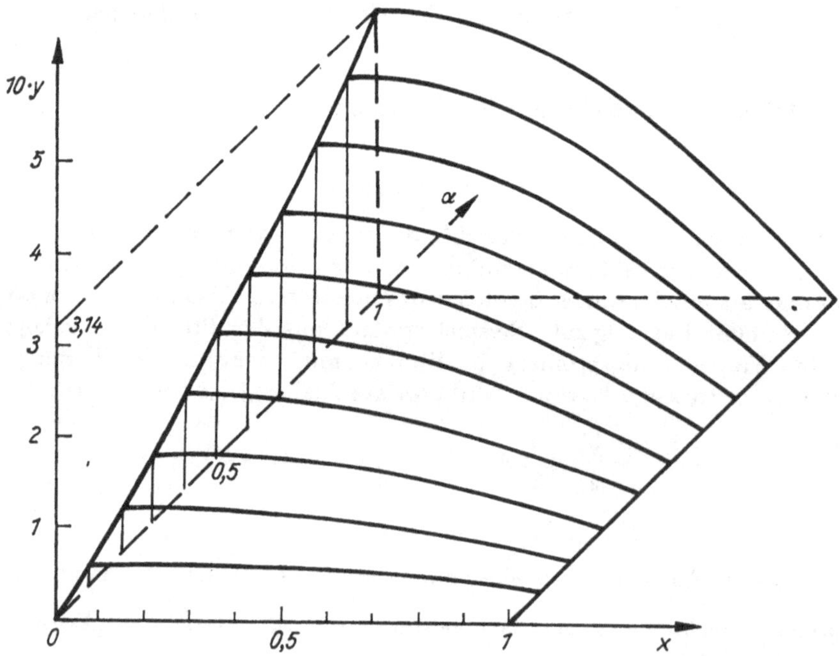

Abb. 3. Graphische Darstellung für $10 * y$ nach Gl. (9)

Hierzu liefert bereits der Automat mit angeschlossenem Bildschirm eine übersichtlichere graphische Darstellung der Lösungsschar (Abbildung 3). Dem Fachmann werden damit gute Einsichten in das Verhalten des Systems vermittelt – ohne allerdings genaue Werte zu liefern. Schwierigkeiten bereitet überdies die Erfassung weiterer Parameter! (Die Aufgabe $y'' + y'/x + \alpha e^{\beta y} = 0$ mit $\alpha, \beta, x \in \langle 0, 1\rangle$, $y'(0) = y(1) = 0$ kann hierzu als Muster- und Schulbeispiel dienen.)

Die übersichtlichste Form der Lösung $y(x, \alpha)$ zur Gl. (9) bietet die analytische Darstellung, obwohl sie nicht in elementar geschlossener Form erreichbar ist. Aus einem Störungsansatz, der sich besonders bei einer rechnergestützten analytischen Arbeit anbietet, folgt (vgl. hierzu auch 4.2., 4.3.)

$$y(x,\alpha) \approx \varphi(x,\alpha) = \frac{\alpha}{4}(1-x^2)*\left[1+\frac{3}{16}\alpha\left(1-\frac{x^2}{3}\right)+\frac{5}{96}\alpha^2\left(1-\frac{x^2}{2}\left(1-\frac{x^2}{5}\right)\right)\right.$$
$$\left.+\frac{35}{32*64}\alpha^3\left(1-\frac{3}{5}x^2\left(1-\frac{x^2}{3}\left(1-\frac{x^2}{7}\right)\right)\right)\right],$$
$$0 \leqq x \leqq 1,\; 0 \leqq \alpha \leqq 1 \tag{10}$$

mit einem Fehler

$$|\text{Fehler}| = |y(x,\alpha) - \varphi(x,\alpha)| \leqq 0{,}0032\alpha^5\sqrt{1-x^3}, \tag{11}$$

der, bezogen auf den Maximalwert von φ, überall unter 1% bleibt.

Da für Anwendungen oft das qualitative Verhalten der Lösung ebenso wichtig wie der genaue Zahlenwert sein kann, wäre in diesem Beispiel auch der erste Term der Näherungsfunktion $\varphi(x, \alpha)$ allein, mit einer Fehlerschranke, von Interesse:

$$\frac{\alpha}{4}(1-x^2)*0.9968 \leqq y(x,\alpha) \leqq \frac{\alpha}{4}(1-x^2)*1.257. \tag{12}$$

Während bei numerischen Rechnungen zur Fehlerreduktion an den Werten zumeist problemlos noch einige weitere Stellen angehängt werden können, gilt das bei analytischen Lösungsapproximationen nicht mehr. Bei der Erhöhung der Genauigkeit (etwa durch Hinzunahme weiterer Terme) verliert sich oft deren Hauptvorzug: die einfache und überschaubare Darstellung. Es muß daher gerade bei analytischen Näherungslösungen die „goldene Regel" beachtet werden, daß jede Lösung so genau wie nötig und so einfach wie möglich approximiert wird. Die Zuverlässigkeit der Näherung ist dabei unbedingt durch angepaßte Schranken zu sichern. Unter diesem Gesichtspunkt wird auch in den folgenden Unterabschnitten 4.2., 4.3. die für die

Näherungen (10) – (12) zur Aufgabe (9) benutzte Störungsmethode mit Fehlerabschätzung dargestellt und ausgewertet. Dabei gilt ein weiteres Augenmerk den Handwerkszeugen, die zur kompletten maschinellen Bearbeitung dieser Aufgabenklasse benötigt werden. Neben Differentiations- und Integrationsverfahren für elementare Funktionen sowie auch für Differentialgleichungen handelt es sich dabei vor allem um Schrankenberechnungen zu Funktionen und um die Bestimmung von LIPSCHITZ-Konstanten bzw. Funktionen. Ihre Einordnung und Ausführung in den Rahmen von Sprachtransformationen erfolgt dazu im Kapitel 5.

An Hand eines Beispieles aus der Literatur [15] sei hier zusätzlich demonstriert, daß die analytische Arbeitsweise oft nicht nur qualitative Vorteile, sondern auch eine Reduktion der Rechenarbeit erbringt. Für die Bestimmung des Minimums vom Integralausdruck

$$\min_{\substack{0 \leqq \eta \leqq 1 \\ 0 \leqq \xi \leqq 1}} \int_{y=\eta}^{1} \int_{x=0}^{1} f(x, y, \eta, \xi)\, dx\, dy$$

mit $f(x, y, \xi, \eta) = \dfrac{\eta * \xi}{\eta^2(1 + x^2\xi) + y^2 + y[y^2 + \eta^2(1 + x^2\,\xi)]^{1/2}} - \dfrac{\xi(1 - \xi)}{1 - \eta} - \eta$

(der sich als Vereinfachung eines Praxisproblems ergab), wurden die in Tabelle 3 angegebenen Rechenzeiten (in s) benötigt.

Tabelle 3.
Rechenzeiten (in s)

geforderte Genauigkeit	ohne Ableitungen		mit Ableitungen	
	analytisch	numerisch	analytisch	numerisch
10^{-3}	0.14	2.21	0.06	1.77
10^{-6}	0.15	2.75	0.07	8.10
10^{-10}	0.21	13.53	0.07	18.70

Die Ergebnisse sprechen für sich: Die Numerik erfordert einen um eine bis zwei Zehnerpotenzen höheren Aufwand als die analytische Durchrechnung. (Trotzdem lassen sich diese Resultate sicher nicht generalisieren.)

4.2. Störungsmethoden mit Fehlerschranken zur Lösung von gewöhnlichen Differentialgleichungen

Im folgenden wird die Störungsmethode für eine parameterabhängige Einzeldifferentialgleichung

$$f(\alpha, x, y, \ldots, y^{(n)}) = f(\alpha, x, y^{(i)}) = 0 \qquad \text{mit Anfangs-, Rand- oder anderen Nebenbedingungen (vgl. etwa [36, 61])} \tag{13}$$

als Musterfall behandelt. Sie läßt sich sofort auf Systeme von Differentialgleichungen auch mit mehreren Parametern (z. B. auf das Schulbeispiel bei Gl. (9) in 4.1.) sowie auf andere als den hier benutzten Approximationsansatz erweitern — z. B. können Interpolationsansätze für den Defektausdruck $f(\alpha, x, \varphi^{(i)})$ analog erfaßt werden. Wesentlich gegenüber dem üblichen Vorgehen ist die Ergänzung der Methode durch eine verfahrensgemäße Fehlerabschätzung, deren Durchführung vollständig dem Automaten übertragen werden kann. Die theoretischen Grundlagen hierzu wurden dabei vom Verfasser mit diesem erklärten Ziel bereits in einer früheren Arbeit [36] gelegt.

Die Näherung $\varphi(x, \alpha)$ zur Lösung $y(x, \alpha)$ von Gl. (13) wird bei der Erfüllung geeigneter Stetigkeitsbedingungen durch die Funktion $f(\alpha, x, y_1, \ldots, y_n)$ und allen benutzten Ableitungen davon (etwa gleichmäßige Stetigkeit in allen Variablen im ganzen Lösungsgebiet) mit dem Ansatz

$$y(x, \alpha) = y_0(x) + \alpha \frac{y_1(x)}{1!} + \alpha^2 \frac{y_2(x)}{2!} + \ldots, \quad \left.\frac{\partial^i y\,(x, \alpha)}{\partial \alpha^i}\right|_{\alpha=0} = y_i(x) \qquad (i = 0, 1, \ldots) \tag{14}$$

durch Einsetzen in (13) und ggf. Differentiation nach α an der Stelle $\alpha = 0$ bestimmt. Dabei wird die Möglichkeit zur Vertauschung der Folgen von Differentiationen und Grenzübergängen vorausgesetzt:

$$\left[\frac{\partial^i}{\partial \alpha^i}\left(\frac{\mathrm{d}^k y(x, \alpha)}{\mathrm{d}x^k}\right)\right|_{\alpha=0} = \frac{\mathrm{d}^k}{\mathrm{d}x^k}\left[\left(\frac{\partial^i y(x, \alpha)}{\partial \alpha^i}\right)\right|_{\alpha=0} = \frac{\mathrm{d}^k}{\mathrm{d}x^k}\,[y_i(x)] = y_i^{(k)}(x). \tag{15}$$

Schrittweise ergibt sich — wie bei der Störungsrechnung gewohnt —

$$f(0, x, y_0, y_0', \ldots, y_0^{(n)}) \equiv 0 \tag{16a}$$

und aus den vollständigen Ableitungen von f mit $y = y(x, \alpha)$ nach α über

$$\frac{\mathrm{d}^k f(\alpha, x, y^{(i)})}{\mathrm{d}\alpha^k} = \frac{\partial}{\partial \alpha}\left(\frac{\mathrm{d}^{k-1} f}{\mathrm{d}\alpha^{k-1}}\right) + \sum_{j=0}^{n}\sum_{l=1}^{k}\binom{k-1}{l-1}\frac{\partial^l y^{(j)}}{\partial \alpha^l}\,\frac{\partial}{\partial y^{(j)}}\left(\frac{\mathrm{d}^{k-l} f}{\mathrm{d}\alpha^{k-l}}\right)$$

für $k = 1, 2, \ldots$ mit (15) bei $\alpha = 0$:

$$0 \equiv \left.\frac{\mathrm{d}^k f(\alpha, x, y^{(i)})}{\mathrm{d}\alpha^k}\right|_{\alpha=0} = \sum_{j=0}^{n} y_k^{(j)}(x) \frac{\partial f(0, x, y_0^{(i)})}{\partial y_0^{(j)}} + \left[\frac{\partial}{\partial \alpha}\left(\frac{\mathrm{d}^{k-1}f}{\mathrm{d}\alpha^{k-1}}\right)\right]_{\alpha=0}$$

$$+ \sum_{j=0}^{n} \sum_{l=1}^{k-1} \binom{k-1}{l-1} y_l^{(j)}(x) \left[\frac{\partial}{\partial y_0^{(j)}}\left(\frac{\mathrm{d}^{k-l}f}{\mathrm{d}\alpha^{k-l}}\right)\right]_{\alpha=0} \tag{16b}$$

Das ist ein rekursiv bequem bestimmbares System von Differentialgleichungen für $y_0, y_1, \ldots,$ von denen nur die Gleichung (16a) für y_0 nichtlinear ist. Bei den übrigen linearen Beziehungen (16b) für $y_i (i = 1, 2, \ldots)$ ändert sich jeweils nur die auftretende Störfunktion. Dazu kommen noch Anfangs-, Rand- oder Nebenbedingungen, die sich aus den entsprechenden Forderungen der Aufgabe (13) ergeben. Beispielsweise werden für von α unabhängige Linearformen $L_j(y) = f_j \in \mathbb{R}$ $(j = 1, \ldots, n)$ als Nebenbedingung erhalten: $L_j(y_0) = f_j$, $L_j(y_i) = 0$ $(j = 1, \ldots, n; i = 1, 2, \ldots)$ (vgl. [36] und bei Gl. (19)/(20), darin sind auch übliche Anfangs- und Randbedingungen eingeschlossen). Auf die Darstellung allgemeiner und auch nichtlinearer Zusatzbedingungen wird hier verzichtet, sie können analog zum Spezialfall berücksichtigt werden. Damit lassen sich die y_i des Ansatzes (14) prinzipiell berechnen, obwohl zur Lösung ihrer Differentialgleichungen im allgemeinen Fall wiederum Näherungen — und bevorzugt solche des analytischen Typs — nötig sein werden. Eine einfache Möglichkeit hierfür stellt die in 4.4. empfohlene Kollokationsmethode unter Heranziehung höherer Ableitungen dar.

Ein besonderer Vorzug dieser Störungsrechnung besteht darin, daß bei Erfüllung der entsprechenden Stetigkeitseigenschaften der Aufgabe (13) der zur Näherungslösung

$$\varphi_p(x, \alpha) = \sum_{i=0}^{p} \frac{y_i(x)}{i!} \alpha^i \tag{17}$$

(y_i unter Beachtung der Rand- und/oder Nebenbedingungen aus (16a)/(16b))

gehörige „Defekt" in der Differentialgleichung (13) nach TAYLOR sofort zur Schätzung der Fehlerordnung benutzt werden kann. Er ergibt sich danach zu

$$D(\varphi_p) = f(\alpha, x, \varphi_p, \ldots, \varphi_p^{(n)}) = \sum_{k=0}^{p} \frac{\alpha^k}{k!} \left(\frac{\mathrm{d}^k f(\alpha, x, \varphi_p^{(i)})}{\mathrm{d}\alpha^k}\right)_{\alpha=0} + R_p(\alpha, x).$$

Nach Vergleich von Gleichung (14) mit (17) wird wegen

$$\left.\frac{\partial^i \varphi_p^{(k)}}{\partial \alpha^i}\right|_{\alpha=0} = \left.\frac{\partial^i y^{(k)}(x, \alpha)}{\partial \alpha^i}\right|_{\alpha=0} = y_i^{(k)}(x) \text{ bei } i = 0, \ldots, p \text{ und } \frac{\partial^i \varphi_p^{(k)}}{\partial \alpha^i} = 0$$

$$\text{für } i \geqq p + 1$$

und mit der Beziehung $\left.\frac{\mathrm{d}^k f(\alpha, x, \varphi_p^{(i)})}{\mathrm{d}\alpha^k}\right|_{\alpha=0} = \left.\frac{\mathrm{d}^k f(\alpha, x, y^{(i)})}{\mathrm{d}\alpha^k}\right|_{\alpha=0} = 0 \; (k = 0, \ldots, p)$

(nach (16a)/(16b))

$$D(\varphi_p) = f(\alpha, x, \varphi_p^{(i)}) = R_p(\alpha, x) = \frac{\alpha^{p+1}}{(p+1)!}\left[\frac{\mathrm{d}^{p+1} f(\alpha, x, \varphi_p^{(i)})}{\mathrm{d}\alpha^{p+1}}\right]_{\alpha=\xi(x)}$$

mit $0 \ldots \xi(x) \ldots \alpha$

$$= \frac{\alpha^{p+1}}{(p+1)!}\left[\frac{\partial}{\partial\alpha}\left(\frac{\mathrm{d}^p f(\alpha, x, \varphi_p^{(i)})}{\mathrm{d}\alpha^p}\right) + \sum_{j=0}^{n}\sum_{l=1}^{p}\binom{p}{l-1}\frac{\partial^l \varphi_p^{(j)}}{\partial\alpha^l}\cdot\frac{\partial}{\partial\varphi_p^{(j)}}\left(\frac{\mathrm{d}^{p+1-l} f(\alpha, x, \varphi_p^{(i)})}{\mathrm{d}\alpha^{p+1-l}}\right)\right]_{\alpha=\xi(x)}. \tag{18}$$

In der Praxis kann der Defekt hiernach durch Extremwertabschätzung bez. $0 \ldots \xi \ldots \alpha$, exakt durch Berechnung von $f(\alpha, x, \varphi_p^{(i)})$ oder unter Verwendung einer anderen (z. B. integralförmigen) Darstellung des Taylor-Restgliedes eingeschrankt und bestimmt werden. In jedem Fall lassen sich die in [36] vom Verfasser bereitgestellten, den Defekt ausnutzenden und mit der Maschine ausführbaren Fehlerschranken zur Näherung $\varphi_p(x, \alpha)$ sogleich anschließen.

Zur Beurteilung der für die abschließende Fehlereingrenzung zu $\varphi_p(x, \alpha)$ notwendigen numerischen und analytischen Leistungen werden die dazu erforderlichen Arbeitsschritte in etwas spezialisierterer Form als in der Originalarbeit [36] vorangestellt. Statt von der impliziten Gleichung (13) für $y(x, \alpha)$ wird jetzt von der expliziten Darstellung

$$y^{(n)} = r(x, y, \ldots, y^{(n-1)}) = r(x, y, ^{(i)}), \quad y \in C^{(n)}\langle a, b\rangle^{7)}$$

$$L_m(y) = r_m (m = 1, \ldots, n) \tag{19}$$

ausgegangen, wobei $L_m(y)$ lineare und bez. einer Norm

$$\|y\| = \max_{i=0,\ldots n-1} [\sup_{x\in\langle a,b\rangle} |y^{(i)}(x)| / W_i(x)], \; y \in C^{(n-1)}\langle a, b\rangle, \tag{20}$$

mit positiven Gewichtsfunktionen $W_i(x)$ (die nur an einzelnen Punkten Null sein dürfen) beschränkte Funktionale sein sollen. In einer Umgebung der zu untersuchenden Näherungslösung $\varphi(x) \in C^{(n)}\langle a, b\rangle$, die alle Nebenbedingungen $L_m(y) = r_m$ $(m = 1, \ldots, n)$ von Gl. (19) erfüllt (das erfaßt insbesondere alle

[7] Bez. der vollständigen Voraussetzungen vgl. [36]; hier sei $C^{(i)}\langle a, b\rangle$ die Gesamtheit reeller Funktionen y, die auf $\langle a, b\rangle$ $(i - 1)$ absolut stetige Ableitungen und $y^{(i)} \in L_2\langle a, b\rangle$ ergeben.

Rand- und Anfangsbedingungen), sollen

$$r(x, y^{(i)}),\ \frac{\partial r(x, y^{(i)})}{\partial y^{(s)}},\ \frac{\partial^2 r(x, y^{(i)})}{\partial y^{(s)} \partial y^{(t)}}\quad (s, t = 0, \ldots, n-1) \text{ für } x \in \langle a, b\rangle$$

(evtl. stückweise) bei $y^{(i)} = \varphi^{(i)} + u^{(i)}$ $(i = 0, \ldots, n-1)$ und $u \in C^{(n-1)}\langle a, b\rangle$, $L_m(u) = 0$ $(m = 1, \ldots, n)$, $|u| < B$ bez. der als Punktvariable aufgefaßten Werte $(x, u, \ldots, u^{(n-1)})$ gleichmäßig stetig und beschränkt sein: $(x \in \langle a, b\rangle)$

$$\left| r(x, y^{(i)}) \right|_{y^{(i)} = \varphi^{(i)} + u^{(i)}} \leqq M, \qquad \left| \frac{\partial r(x, y^{(i)})}{\partial y^{(s)}} \right|_{y^{(i)} = \varphi^{(i)} + u^{(i)}} \leqq M_s,$$

$$\left| \frac{\partial^2 r(x, y^{(i)})}{\partial y^{(s)}\, \partial y^{(r)}} \right|_{y^{(i)} = \varphi^{(i)} + u^{(i)}} \leqq M_{s,t}. \tag{21}$$

Außerdem wird im folgenden im Hinblick auf die Bearbeitung mit dem Computer angenommen, daß $r(x, y^{(i)})$, L_m und auch $\varphi(x)$ letztlich durch rationale Bildungen [+, —, *, /] aus Variablen unter Einbeziehung elementarer Funktionen [Konstanten, Potenzen, trigonometrischen, exponentialen Funktionen und ihren Umkehrungen] sowie Substitutionen aufgebaut (auch gestückelt) werden können. Diese für die praktische Arbeit im folgenden außerordentlich bedeutsame Funktionengesamtheit wird im weiteren als „elementar" zitiert und mit E bezeichnet (vgl. 5. Kapitel). Sobald die linearisierte Form der Aufgabe (19)

$$L_\varphi(y) = y^{(n)} - \sum_{k=0}^{n-1} \frac{\partial r(x, \varphi^{(i)})}{\partial \varphi^{(k)}}\, y^{(k)}(x) \approx L_N(y),\ L_m(y) = 0\,(m = 1, \ldots, n) \tag{22a}$$

eindeutig lösbar ist, läßt sich der Fehler $f = \varphi(x) - y(x)$ der Näherungslösung für (19) konstruktiv abschätzen: Zuerst wird zu (22a) die GREENsche Funktion $\Gamma(x, s)$ oder, da dies nur in Sonderfällen geschlossen möglich sein wird, eine „benachbarte" GREENsche Funktion $\Gamma_N(x, s)$ aus einer zu (22a) „passenden", exakt beherrschten „Nachbaraufgabe"

$$L_N(y) = y^{(n)} - \sum_{i=0}^{n-1} a_i(x)\, y^{(i)}(x),\ L_m(y) = 0\ (m = 1, \ldots, n) \tag{22b}$$

bestimmt[8]) und als „Stütze" für die Fehlerabschätzung benutzt. Dabei ist erforderlich, daß der „Abstand" der linearen Operatoren L_φ und L_N aus (22a, b) mit

$$\int_a^b \int_a^b \left[\sum_{k=0}^{n-1} \left(\frac{\partial r(x, \varphi^{(i)})}{\partial \varphi^{(k)}} - a_k(x) \right) \Gamma_N^{k,0}(x, s) \right]^2 \mathrm{d}x\, \mathrm{d}s = \Delta_0^2 < 1 \tag{22c}$$

[8] Gegenüber [36] wird hier ein Faktor $1/(1 - \Delta_0)$ an anderer Stelle — insbesondere in (24a—c) berücksichtigt.

ausreichend klein ausfällt. (Diese Bedingung garantiert mit $\Gamma_N(x, s)$ letztlich die Lösbarkeit von (22a)). Die Erfüllung von (22c) kann bei vorausgesetzter Lösbarkeit von (22a) umgekehrt immer erzwungen werden, indem $a_i(x)$ in (22b) etwa geeignet stückweise konstant und $a_i(x) \approx \frac{\partial r}{\partial \varphi^{(i)}}$ gewählt wird. $\Gamma_N(x, s)$ läßt sich damit elementar und maschinell konstruieren, ein Programm hierzu enthält die Dissertation [50]. Der Betrag $\|\Gamma_N{}^{i,0}(x, \cdot)\|$ dieser GREENschen Stützfunktion wird weiterhin in Gleichung (20) als Gewichtsfunktion $W_i(x)$ der Norm $\lfloor y \rfloor$ verwendet[8])

$$W_i(x) = \|\Gamma_N{}^{i,0}(x, \cdot)\| = \left[\int_a^b \left[\frac{\partial^i \Gamma_N(x, s)}{\partial x^i}\right]^2 ds\right]^{1/2}. \tag{22d}$$

$\lfloor y \rfloor \leqq \varrho$ ist damit im folgenden gleichbedeutend zu $|y^{(i)}(x)| \leqq \varrho \, \|\Gamma_N{}^{i,0}(x, \cdot)\|$ $(i = 0, \ldots, n-1)$.

Während mit $\Gamma_N(x, s)$ schließlich ein Fehleranteil für die linearisierte Aufgabe (19) erreicht wird, stützt sich die Erfassung der Nichtlinearität auf eine LIPSCHITZ-Abschätzung für den nichtlinearen Anteil der rechten Seite von (19)

$$N(x, y^{(i)}) = r(x, y^{(i)}) - \sum_{k=0}^{n-1} \frac{\partial r(x, \varphi^{(i)})}{\partial \varphi^{(k)}} y^{(k)}(x) \text{ in der Form} \tag{23a}$$

$$T\left(r\left(x, \varphi^{(i)} + \begin{matrix} u^{(i)} \\ v^{(i)} \end{matrix}\right)\right) = |N(x, \varphi^{(i)} + u_i) - N(x, \varphi^{(i)} + v^{(i)})|$$
$$\leqq \sum_{k=0}^{n-1} A_k(x, \varrho) \, |u^k - v^{(k)}|$$

mit $0 \leqq A_k(x, \varrho) \leqq a_k(x) * \varrho \leqq \varrho C$; $A_k(x, \varrho), a_k(x) \in C^{(0)} \langle a, b \rangle$ für alle $u, v \in C^{(n-1)} \langle a, b \rangle$, $\lfloor u \rfloor, \lfloor v \rfloor \leqq \varrho < B$ (jetzt gleichbedeutend mit $|u^{(i)}|, |v^{(i)}| \leqq \varrho \, \|\Gamma_N{}^{i,0}(x, \cdot)\|$), $L_m(u) = L_m(v) = 0$ $(m = 1, \ldots, n)$.

Diese Abschätzung ist bei den vorausgesetzten Bedingungen immer möglich (meist sogar ohne die Forderung $L_m(u) = L_m(v) = 0$). So liefert nach [36] zweimalige Anwendung des Mittelwertsatzes der Differentialrechnung

$$T\left(r\left(x, \varphi^{(i)} + \begin{matrix} u^{(i)} \\ v^{(i)} \end{matrix}\right)\right) = \left|\sum_{k=0}^{n-1} \sum_{j=0}^{n-1} \left(\left.\frac{\partial^2 r(x, y^{(i)})}{\partial y^{(k)} \partial y^{(j)}}\right|_{y^{(i)} = \varphi^{(i)} + w_{i,k}} \overset{*}{} z_j\right) (u^{(k)} - v^{(k)})\right|$$
$$\leqq \sum_{k=0}^{n-1} A_k(x, \varrho) \, |u^{(k)} - v^{(k)}|, \tag{23b}$$

wobei mit $\lfloor u \rfloor, \lfloor v \rfloor \leqq \varrho < B$ auch $|z_i|, |w_{i,k}| \leqq \varrho \, \|\Gamma_N{}^{i,0}(x, \cdot)\|$ bleiben.

Für die Auswertung der $A_k(x, \varrho)$ kann auf Kap. 5.4. verwiesen werden. Sie erfolgt einmal mittels Intervallarithmetik, einmal in Gestalt eines besonderen Kalküls und kann in beiden Fällen dem Computer überlassen werden. Beide Verfahren wurden dabei im Rahmen von Diplomarbeiten mittels FMS auf dem Rechner realisiert [10, 2].

Nach diesen Vorbereitungen kann der Fehler der Näherungslösung $\varphi(x)$ zur Aufgabe (19) berechnet werden, sofern ein $0 \leqq \varrho_0 < B$ existiert, bei dem

$$\Delta_1(\varrho_0) = \left\| \sum_{k=0}^{n-1} A_k(\cdot, \varrho_0) \, \|\Gamma_N^{k,0}(\cdot, \cdot)\| \right\|$$

$$= \left[\int_a^b \left(\sum_{k=0}^{n-1} A_k(x, \varrho_0) \, \|\Gamma_N^{k,0}(x, \cdot)\| \right)^2 \mathrm{d}x \right]^{1/2} < 1 - |\Delta_0| \tag{24a}$$

(mit $|\Delta_0| < 1$ aus (22c)) und die Integralnorm des Defektes $D(\varphi) = \varphi^{(n)} - r(x, \varphi^{(i)})$

$$\|D(\varphi)\| = \sqrt{\int_a^b D^2(\varphi) \, \mathrm{d}x} \leqq \varrho_0(1 - |\Delta_0| - \Delta_1(\varrho_0)) \tag{24b}$$

ausfällt.

Es ergibt sich die Fehlerschranke ($y(x)$ = exakte Lösung)

$$|\varphi^{(i)}(x) - y^{(i)}(x)| \leqq \frac{\|\Gamma_N^{i,0}(x, \cdot)\| \, \|D(\varphi)\|}{1 - |\Delta_0| - \Delta_1(\varrho_0)} \quad (i = 0, \ldots, n-1). \tag{24c}$$

Bei einer durch Störungsrechnung gefundenen Näherung $\varphi(x)$ für die exakte Lösung lassen sich die zuvor investierten Arbeiten auch bei der Schrankenberechnung ausnutzen: die Defektnorm wird vorteilhaft an Hand der Gleichung (18) bestimmt, für die Nachbardifferentialgleichung (22b) und ihre Greensche Funktion liefert die Bestimmungsgleichung für die y_i (16b) oft einen ersten Ansatz. Wird darauf geachtet, daß $\Delta_1(\varrho)$ monoton mit ϱ wächst, so kann das optimale ϱ_0 aus der Gleichung $\|D(\varphi)\| = \varrho(1 - \Delta_1(\varrho) - |\Delta_0|)$ bestimmt werden. Einzelheiten zur Ausnutzung dieser Vorteile lassen sich am Beispiel im folgenden Abschnitt 4.3. verfolgen.

Hier kann eine erste Übersicht über die bei Durchführung von Störungsrechnungen mit Fehlerabschätzungen bei gewöhnlichen Differentialgleichungen erforderlichen numerischen und analytischen Arbeiten gegeben werden, die dem Computer übertragen werden sollen. Obwohl bei anderen Fragestellungen das Instrumentarium zu erweitern sein wird, darf das behandelte Problem als recht typisch gewertet werden. (In dieser Übersicht wird die Ermittlung bestimmter Integrale (auch oberer Schranken dafür) als gelöstes numerisches Problem angesehen.)

Teilprobleme der Störungsrechnung mit Fehlerabschätzung	Art der Teilaufgabe
1) Herleitung der Störungsdifferentialgleichungen (16b) durch Differentiation und Parameterfestlegung	analytisch/algebraisch
2) Lösung der Differentialgleichungen (16a, b) evtl. durch analytische Näherungen	analytisch/numerisch
3) Defektnormberechnung als bestimmtes Integral, evtl. über Restgliedabschätzung (Gl. (18) u. (24b))	numerisch, evtl. analytisch
4) Bereitstellung der Ableitungen $\frac{\partial r}{\partial y^{(s)}}$, $\frac{\partial^2 r}{\partial y^{(s)}\,\partial y^{(t)}}$ und $L_N(\varphi)$ mit $r \in E$	analytisch (zumeist mit 1) erfaßt)
5) Lösung der Differentialgleichung (22b), Bestimmung von $\lVert \Gamma_N^{i,o}(x,\cdot)\rVert$ (der analytische Anteil ist standardisiert)	numerisch
6) Bestimmung der LIPSCHITZ-Beziehungen und $A_k(x, \varrho)$	analytisch
7) Auswertung der Δ_0, Δ_1; Bestimmung von ϱ_0 und der Fehlerschranke	numerisch

Dieser Überblick und spätere ausführliche Beispiele machen den Umfang analytischer Arbeit deutlich, der hierzu vom Computer zu leisten ist. Die erforderliche logische Steuerung der Verfahren, die sich sowohl auf numerische wie analytische Analysen (Situationserkennung) stützt, bleibt dabei im Hintergrund. Als analytische Teilaufgaben treten Differentiations- und Integrationsaufgaben über E, Schrankenbestimmungen, LIPSCHITZ-Abschätzungen und Erkennungsaufgaben hervor, die z. T. im 5. Kapitel gesondert betrachtet werden. (Zu Differentiations- und Integrationsalgorithmen vgl. z. B. [51, 9] und die dort angegebene Literatur).

4.3. Anwendung der Störungsrechnung mit Fehlerabschätzung auf das Beispiel (9)

Für das Beispiel $f(\alpha, x, y, y', y'') = y'' + \frac{y'}{x} + \alpha\, e^y = 0$, $y'(0) = y(1) = 0$ $x, \alpha \in \langle 0, 1\rangle$ ergibt sich mit dem Ansatz $\varphi_4(x, \alpha) = \sum_{i=0}^{4} \alpha^i y_i(x)/i!$ aus (17) mit der Abkürzung $L(y) = y'' + \frac{y'}{x}$ entsprechend Gleichung (16a)/(16b)

$$(*)\ L(y_0) = 0,\ L(y_1) = -e^{y_0},\ L(y_2) = -2e^{y_0}y_1,\ L(y_3) = -3e^{y_0}(y_1^2 + y_2),$$
$$L(y_4) = -4e^{y_0}(y_1^3 + 3y_1y_2 + y_3) \quad \text{mit} \quad y_i'(0) = y_i(1) = 0 \quad (i = 0, \ldots, 4)$$

sowie mit der Abkürzung $\frac{\partial^k y}{\partial \alpha^k} = \bar{y}_k$

$$(**)\ \frac{d^5 f(\alpha, x, y^{(i)})}{d\alpha^5} = L(\bar{y}_5) + 5e^{\bar{y}_0}(\bar{y}_1^4 + 6\bar{y}_1^2\bar{y}_2 + 4\bar{y}_1\bar{y}_3 + 3\bar{y}_2^2 + \bar{y}_4)$$
$$+ \alpha\, e^{\bar{y}_0}(\bar{y}_1^5 + 10\bar{y}_1^3\bar{y}_2 + 10\bar{y}_1^2\bar{y}_3 + 15\bar{y}_1\bar{y}_2^2$$
$$+ 5\bar{y}_1\bar{y}_4 + 10\bar{y}_2\bar{y}_3 + \bar{y}_5).$$

Mit der zu $L(y) = f(x)$, $y'(0) = y(1) = 0$ bekannten Greenschen Funktion (***) $\Gamma_N(x, s) = \begin{cases} s * \ln x & \text{für } s \leqq x \\ s * \ln s & s \geqq x \end{cases}$, die später auch als zum Problem benachbarte „Stützfunktion“ benutzt werden kann, führt das zu: $y_0 = 0$, $y_1 = (1 - x^2)/4$, $y_2 = (1 - x^2) * (3 - x^2)/32$, $y_3 = (1 - x^2) * \big(10 - x^2(5 - x^2)\big)/128$ und $y_4 = 3 * (1 - x^2) * \big(35 - x^2(21 - x^2(7 - x^2))\big)/1024$, d. h., auf die in 4.1. Gl. (10) benutzte Näherung $\varphi_4(x, \alpha)$. Zum Defekt $D(\varphi_4) = \varphi_4'' + \varphi_4'/x + \alpha\, e^{\varphi_4}$ kann mit $\varphi_4(x, \alpha) =: \Phi_0$, $\frac{\partial^{(i)}\varphi_4}{\partial \alpha^i} =: \Phi_i$, (**) und den Bestimmungsgleichungen für die y_i aus

$$D(\varphi_4) = \alpha\Big[e^{\varphi_4} - \Big(1 + \alpha y_1 + \frac{\alpha^2}{2}(y_1^2 + y_2) + \frac{\alpha^3}{6}(y_1^3 + 3y_1y_2 + y_3)\Big)\Big]$$
$$= \frac{\alpha^5}{5!}\left(\frac{d^5 f(\beta, x, \varphi_4^{(i)}(x, \beta))}{d\beta^5}\right)_{0 \leqq \beta = \xi(x) \leqq \alpha}$$
$$= \frac{\alpha^5}{5!}\Big[e^{\Phi_0}\Big(5(\Phi_1^4 + 6\Phi_1^2\Phi_2 + 4\Phi_1\Phi_3 + 3\Phi_2^2 + \Phi_4) + \alpha(\Phi_1^5 + 10\Phi_1^3\Phi_2$$
$$+ 10\Phi_1^2\Phi_3 + 15\Phi_1\Phi_2^2 + 10\Phi_2\Phi_3 + 5\Phi_1\Phi_4)\Big)\Big]_{\alpha = \xi(x)}$$

zufolge der bei $x, \alpha \in \langle 0, 1\rangle$ niemals negativen y_i, Φ_i $\quad 0 \leqq D(\varphi_4)$ (und wenn e^{φ_4} in $D(\varphi_4)/\alpha^5$ entwickelt wird, sogar das mit α monoton wachsende Verhalten dieses Quotienten) festgestellt werden. Aus der „Restglieddarstellung“ des Defektes wird der Ansatz $\|D(\varphi_4)\| \leqq M\alpha^5$ entnommen, für den durch Auswertung von $\|D(\varphi_4)\|$ in Abhängigkeit von α eine passende Schranke gewonnen werden muß (mit o. a. Bemerkung zu $D(\varphi_4)/\alpha^5$ kann einfach $M = \|D(\varphi_4)\|_{\alpha=1}$ gesetzt werden). Zahlenmäßig wird $\|D(\varphi_4)\| \leqq \alpha^5 * 0.0084$ berechnet.

Zur linearisierten Form nach (22a) $L_\varphi(y) = y'' + y'/x + \alpha\, e^{\varphi_4} y$, $y'(0) = y(1) = 0$, wird wiederum $L(y) =: L_N(y)$ aus (*) als „Nachbaroperator" mit der schon zuvor bei (***) angegebenen GREENschen Funktion $\Gamma_N(x, s)$ herangezogen. Dafür wird im Definitionsbereich $0 \leqq x \leqq 1$ $\|\Gamma_N^{1,0}(x, \cdot)\| = \sqrt{x/3}$, $\|\Gamma_N(x, \cdot)\| = \sqrt{2/27}\,\sqrt{1 - x^3(1 - 3\ln x)} \leqq 0.273\,\sqrt{1 - x^3}$ und nach (22c)

$$\Delta_0^2 = \alpha^2(2/27)\int_0^1 e^{2\varphi_4(x,\alpha)}\big(1 - x^3(1 - 3\ln x)\big)\,dx \leqq \alpha^2 0.268^2,$$

$$\big(\varphi_4(x, \alpha) \leqq (1 - x^2) * 0.314168295\big).$$

Als LIPSCHITZ-Beziehung gilt nach (23a—c) für $N(x, y) = \alpha[e^{\varphi_4} y - e^y]$ mit $|u|, |v| \leqq \varrho\, \|\Gamma_N(x, \cdot)\|$

$$\begin{aligned}|N(x, \varphi_4 + u) - N(x, \varphi_4 + v)| &= |\alpha\, e^{\varphi_4}[(u - v) - (e^u - e^v)]| \\ &= |\alpha\, e^{\varphi_4} z\, e^{\vartheta z}| * |u - v| \\ &\leqq \varrho\, |\alpha|\, \|\Gamma_N(x, \cdot)\|\, e^{\varphi_4 + \varrho\|\Gamma_N(x,\cdot)\|}\, |u - v|\end{aligned}$$

(wegen $0 < \vartheta < 1$, $u \ldots z \ldots v$ ist auch $|z|, |\vartheta z| \leqq \varrho\, \|\Gamma_N(x, \cdot)\|$).

Ebenso folgt entsprechend Gl. (24a) etwas vergröbernd

$$\begin{aligned}\Delta_1^2 &= \varrho^2\alpha^2 \int_0^1 e^{2(\varphi_4 + \varrho\,\|\Gamma_N(x,\cdot)\|)}\, \|\Gamma_N(x, \cdot)\|^4\, dx \\ &\leqq (\varrho\alpha\, e^{\varrho * 0{,}273} * 0.0741)^2 \int_0^1 e^{2\varphi_4}\big(1 - x^3(1 - 3\ln x)\big)^2\, dx \\ &= (0.0656 * \varrho * \alpha * e^{\varrho * 0{,}273})^2.\end{aligned}$$

Mit $\varrho_0 = 0.0115$ werden die Bedingungen (24a, b) für alle $0 \leqq \alpha \leqq 1$ erfüllt und die Fehlereingrenzungen

$$|y^{(i)}(x, \alpha) - \varphi_4^{(i)}(x, \alpha)| \leqq \frac{\alpha^5 * 0.00230}{1 - \alpha * 0.269}\, z_i(x) \quad (i = 0, 1)$$

mit $$z_0(x) = \sqrt{1 - x^3(1 - 3\ln x)} \leqq \sqrt{1 - x^3}, \quad z_1(x) = 2.12\sqrt{x}$$

bestätigt.

Auch bei dieser relativ einfachen Aufgabe erweist ein gutes Formelmanipulationssystem seine Vorzüge — sofern neben den konventionellen Grundoperationen der Differential- und Integralrechnung auch Hilfsmittel zur Schrankenbestimmung bei Funktionen, zur Ermittlung von „geeigneten" linearen Nachbarproblemen und deren GREENscher Funktion und desgleichen zur Durchführung von LIPSCHITZ-Abschätzungen vorhanden sind. In wenigen Sekunden werden Arbeiten insbesondere auch für die unbedingt notwendige Fehlereingrenzung bei analytischen Lösungen (vgl. hierzu die Bemerkungen zum Abschluß von Abschn. 4.1.) geleistet, die heute noch qualifizierte Fachleute stunden- oder tagelang beanspruchen könnten. Verwendet wurden hierzu Programme [2, 10, 50] für alle wesentlichen Teilprobleme der Fehlerabschätzung, die im Kapitel 5 noch im einzelnen behandelt werden.

Auf eine Erfahrung mit den benutzten, aber noch in nicht dialogfähigen Einzelteilen vorliegenden Programmen hierzu soll schon jetzt hingewiesen werden. Insbesondere bei Schrankenberechnungen für Funktionen bearbeitet der Automat alle Einzelbausteine eines Ausdruckes mit gleicher Akribie, ohne die Genauigkeitsforderung bei vielleicht „offensichtlich" kleineren Teilen entsprechend zu reduzieren. So kann der Rechner die im o. a. Beispiel manuell eingebrachte Vorweg-Abschätzung $\varphi_4(x, \alpha) \leqq \frac{1}{4}(1 - x^2)\left(1 + \frac{3}{16} + \frac{5}{96} + \frac{35}{2048}\right)$ für $x, \alpha \in \langle 0, 1\rangle$ nicht unmittelbar nachvollziehen. Dafür erbringt er über eine Zerlegung des α-Intervalls insgesamt eine höhere Genauigkeit. Für die Zukunft muß dabei auch an die Ausnutzung lernfähiger Programmsysteme gedacht werden, die eine automatische Anpassung an die jeweilige Situation ermöglichen, ohne alle Details im voraus bedenken zu müssen. Diese Bemerkungen bedeuten jedoch keine Einschränkung für das Gesamtresultat, das eventuell mit etwas „zu großem Aufwand", aber doch in wenigen Sekunden geliefert wird. Es darf hier vielleicht bemerkt werden, daß durch die Mithilfe des Rechenautomaten sowohl Näherungsverfahren mit Bezugnahme auf höhere Ableitungen als auch universale Fehlerabschätzungen handhabbar werden, die noch vor 10 Jahren ein bekannter Fachkollege als analytisch zu aufwendig und darum unzweckmäßig einstufen zu müssen glaubte.

Ebenso wie die Störungsrechnung bei Differentialgleichungen erst durch die Ergänzung mit einer Fehlerabschätzung und durch die maschinelle Ausführung auch der analytischen Arbeiten für einen breiten Anwendungsbereich nutzbar wird[9]), gilt das auch für viele andere, z. T. längst „ad acta" gelegte Verfahren — beispielsweise, wenn dabei höhere Ableitungen gefordert werden. Auf dem Gebiet der Differentialgleichungen kann dazu die bekannte Kollokationsmethode genannt werden. Dabei werden Ansätze für die Lösung durch Nullsetzen des entstehenden Defektes der Differentialgleichung fest-

[9] Zum Beispiel beschäftigte die Berechnung der Mondephemeriden mit einer Störungsrechnung bis zur 9. Ordnung den Astronomen DELAUNAY im vorigen Jahrhundert fast 20 Jahre. Die Wiederholung mit einem Formelmanipulationssystem (ohne Fehlerabschätzung!) wurde letztlich mit einem Computer in wenigen Stunden bewältigt [18].

gelegt. Dieses besonders bei linearen Aufgaben bequeme Verfahren wurde jedoch oft mit Mißtrauen betrachtet, und erst die Ergänzung mit einer automatischen Fehlereinschränkung kann alle Vorbehalte beseitigen. Im folgenden Abschnitt wird hierzu eine leistungsfähige Erweiterung dieser Vorgehensweise dargelegt, die beim Einsatz des Computers als analytische Maschine sehr wohl „salonfähig" werden kann.

4.4. Kollokation mit höheren Ableitungen

Vorausgesetzt wird wiederum eine Differentialgleichung wie in den Abschnitten 4.2. und 4.3., bei der auch die Fehlerabschätzung nach 4.2. benutzt werden kann. Zusätzlich wird gleich von vornherein angenommen, daß in der Aufgabe

$$f(x, y, \ldots, y^{(n)}) = f(x, y^{(i)}) = 0 \text{ mit } n \text{ „Zusatzbedingungen" (vgl. bei Gl. (13), unter (16) und (19)/(20))}, \quad y \in C^{(n)}\langle a, b\rangle \tag{25}$$

die Funktion f der Klasse E der „elementaren" Funktionen angehört (vgl. in 4.2., unter (21)).
Zu einem auf $\langle a, b\rangle$ entsprechend differenzierbaren Ansatz

$$\varphi(x, a_1, \ldots, a_q) = \varphi(x, a_i) \in E, \in C^{(n)}\langle a, b\rangle, \quad q \geqq n \tag{26}$$

für eine Näherungslösung, der bezüglich der $q \geqq n$ Parameter linear oder auch nichtlinear sein kann, werden an den Punkten x_i einer Zerlegung $a \leqq x_1 < x_2 \cdots < x_r \leqq b$ des Intervalls $\langle a, b\rangle$ noch $q-n$ Bedingungen

$$F_{k,j}(a_i) := \left.\frac{\mathrm{d}^k f(x, \varphi^{(i)}(x, a_s))}{\mathrm{d}x^k}\right|_{x=x_j} = 0 \quad (k = 0, \ldots, n_j), (j = 1, \ldots, r), \tag{27}$$

$$\sum_{j=1}^{r} (n_j + 1) = q - n$$

festgelegt.

Zusammen mit den auch von $\varphi(x, a_i)$ zu erfüllenden n „Zusatzbedingungen" der Gl. (25) (das sind Anfangs-, Rand-, Übergangs- oder sonstige Nebenbedingungen) sollen damit die q Parameter a_i ($i = 1, \ldots, q$) bestimmt werden können. Mit (27) wird offensichtlich eine Interpolation der Defektfunktion bewirkt, die für die Wirksamkeit der Methode verantwortlich ist. Auch diesmal liefern die Bestimmungsgleichungen (27) für die Näherungslösung sofort wieder Ansätze zur Beurteilung ihrer Defektgröße und somit nach der Fehlerabschätzung aus 4.2. einen Anhalt über die Qualität des Resultates. Als Sonderfälle ergeben sich mit $n_j = 0$ für alle j die üblichen Kollokationsmethoden [13] und bei $r = 1$, $x_1 = a$ für den Ansatz $\varphi(x, a_i) = \sum_{i=1}^{q} a_i x^{i-1}/(i-1)!$ eine TAYLOR-Entwicklung für die Lösung. Letztere erweist sich allerdings auch bei der Berücksichtigung sehr hoher Ableitungen, die wiederum nur der Automat beherrschen kann, zumeist lediglich in der Nähe des Entwicklungspunktes als genügend genau.

Das Gleichungssystem (27) läßt sich mit allen Zusatzbedingungen in der Praxis recht gut bearbeiten, selbst im nichtlinearen Fall. Erforderlichenfalls werden zuerst Näherungen a_i^0 mit einem kleineren q_0 bestimmt und dann Verbesserungen $a_i = a_i^0 + \Delta_i$ z. B. nach dem NEWTON-Verfahren aus

$$F_{k,j}(a_i^0) + \sum_{l=1}^{q} \left.\frac{\partial F_{k,j}(a_i)}{\partial a_l}\right|_{a_i = a_i^0} \Delta_l = 0, \quad \begin{array}{l} k = 0, \ldots, n_j \\ j = 1, \ldots, r \end{array}, \tag{28}$$

$$q > q_0 \text{ und beispielsweise } a_i^0 = 0 \text{ für } i > q_0$$

sowie ggf. entsprechenden Beziehungen für die Zusatzbedingungen der Aufgabenstellung (25) gewonnen.

Der vorgestellte Lösungsweg hat offensichtlich alle Vorzüge der Kollokationsmethode, insbesondere die der einfachen Handhabung, sofern die evtl. benötigten Ableitungen von der Maschine beigesteuert werden. Eine automatische, problemangepaßte Fehlerabschätzung ist nötig und nach 4.2. möglich. Dabei bleibt auch der Vorzug einer problemgerechten Wahl der Ansatzfunktion (26) erhalten; soll darauf verzichtet werden, so käme beispielsweise der standardmäßige Einsatz eines Polynom-Spline-Ansatzes als Ausweg in Frage. Das Problem der sachgerechten Bestimmung eines Näherungs-Lösungsansatzes durch eine automatische, qualitative Problemanalyse dürfte jedoch auch bald lösbar sein.

Ein Beispiel soll die Leistung und Brauchbarkeit des Verfahrens unterstreichen, das mit dem analytisch arbeitenden Computer sehr gut zu einem Standard werden kann.

Im Zusammenhang mit stärker gekrümmten, einseitig eingespannten Stäben [31] tritt eine Differentialgleichung

$$(*)\ y'' = P(1-x)(1+y'^2)^{3/2}, \quad y(0) = y'(0) = 0, \quad y \in C^{(2)}\langle 0,1\rangle$$

auf, wobei der Einfluß des nichtlinearen Terms untersucht werden soll. Die Vernachlässigung von y'^2 ergibt zunächst $y_0 = Px^2(1 - x/3)/2$. Als Näherungsansatz wird dementsprechend $\varphi(x) = \sum_{i=0}^{7} a_i x^i$ gewählt und zur Fixierung der Parameter nach Gl. (27) $r = 2$, $x_1 = 0$, $x_2 = 1$ und $n_1 = n_2 = 2$ $(q - n = 6)$ bestimmt. Damit wären an den Rändern $x_1 = 0, x_2 = 1$ neben (*) noch $y''' = P(1 + y'^2)^{1/2}\,[3(1 - x)\,y'y'' - (1 + y'^2)]$, $y^{IV} = P\{3(1 - x) * [y''^2(1 + 2y'^2) + y'y'''\,(1 + y'^2)] - 6y'y''(1 + y'^2)\}\,(1 + y'^2)^{-1/2}$ zu berücksichtigen. Das Gleichungssystem (27) erhält die Gestalt

$$
\begin{array}{lll}
\varphi(0) = a_0 = 0 & \varphi(1) & \text{frei} \\
\varphi'(0) = a_1 = 0 & \varphi'(1) & \text{frei} \\
\varphi''(0) = 2a_2 = P & \varphi''(1) = 0 & \\
\varphi'''(0) = 6a_3 = -P & \varphi'''(1) = -P(1 + [\varphi'(1)]^2)^{3/2} & \\
\varphi^{IV}(0) = 24a_4 = 3P^3 & \varphi^{IV}(1) = 0, &
\end{array}
$$

das sich sogleich auf $a_5 = \frac{14}{5}\,a_7 - \frac{1}{8}\,P^3$, $a_6 = -\frac{49}{15}\,a_7 + \frac{1}{30}\,P^3$, $P\left(1 + \left[\frac{P}{2} + \frac{3}{40}P^3 + \frac{7}{5}a_7\right]^2\right)^{3/2} - \left(P + \frac{P^3}{2} + 14a_7\right) = 0$ reduziert. Die Bestimmung von a_7 führt mit $a_7^0 = 0$ und zweimaliger NEWTON-Korrektur nach (28) zu

$$a_7 = 0.003\,116\,872 \text{ bei } P = 1 \text{ und } a_7 = -0.000\,833\,725 \text{ bei } P = 1/2$$

sowie

$$\varphi(x) = \frac{P}{2}\,x^2\left(1 - \frac{x}{3}\right) + \frac{P^3}{8}\,x^4\left(1 - x + \frac{4}{15}\,x^2\right) + a_7(P)\,x^5\left(\frac{14}{5} - \frac{49}{15}x + x^2\right).$$

Als Normen der Defekte werden

$$\|D(\varphi)\| = 0.00222 \text{ bei } P = 1, \quad \|D(\varphi)\| = 0.0000283 \text{ bei } P = 1/2$$

berechnet.

Ein geeignetes Nebenproblem für die zu (*) gehörige linearisierte Differentialgleichung

$$L_\varphi(y) = y'' - 3P(1 - x)\sqrt{1 + \varphi'^2}\,\varphi'y', \quad y(0) = y'(0) = 0$$

ergibt sich wie in Gl. (22b, c):

$$
\begin{array}{l}
L_N(y) = y'' - Ay' \\
y(0) = y'(0) = 0
\end{array}
\quad \text{mit} \quad
\Gamma_N(x, s) \begin{cases} = \frac{1}{A}\,[e^{A(x-s)} - 1] & \text{bei } s \leqq x \\ = 0 & \text{sonst,} \end{cases}
$$

$$
\Gamma_N^{1,0}(x, s) \begin{cases} = e^{A(x-s)} & \text{bei } s \leqq x \\ = 0 & \text{sonst} \end{cases}
$$

und

$$\|\Gamma_N(x,\cdot)\| = 2^{-1/2}A^{-3/2}[(e^{Ax}-2)^2+2Ax-1]^{1/2},$$
$$\|\Gamma_N^{1,0}(x,\cdot)\| = (2A)^{-1/2}[e^{2Ax}-1]^{1/2}.$$

Die Konstante A läßt sich (näherungsweise) so festlegen, daß die Abweichung der Operatoren L_φ, L_N entsprechend Gl. (22c) minimal wird:

$$\Delta_0^2 = \int_0^1 \left[\left(3P(1-x)\sqrt{1+\varphi'^2}\,\varphi' - A\right)^2 \|\Gamma_N^{1,0}(x,\cdot)\|^2\right] dx \to \text{Min}.$$

Zur Vereinfachung kann wegen $\|\Gamma_N^{1,0}(x,\cdot)\|^2 = x + Ax^2 + \cdots \approx x$ die Näherung $\approx x$ ausgenutzt und damit für

$$P = \frac{1}{2}:\quad A = 0.091153433,\quad \Delta_0 = 0.0341,$$
$$P = 1:\quad A = 0.4200792 27,\quad \Delta_0 = 0.1708$$

erhalten werden. Als zugehörige Lipschitz-Beziehung folgt mit $N(x, y') = P(1-x)(1+y'^2)^{3/2} - 3P(1-x)(1+\varphi'^2)^{1/2}\varphi' y'$ und $|u'|, |v'| \leqq \varrho\,\|\Gamma_N^{1,0}(x,\cdot)\|$ nach Gl. (23a, b) — vgl. auch 5.4.1., Gl. (39)/(40) —:

$$N(x,\varphi'+u') - N(x,\varphi'+v')|$$
$$\leqq \varrho \left|\frac{\partial^2}{\partial y'^2}\left(P(1-x)(1+y'^2)^{3/2}\right)\right|_{y'=\varphi'+w} \|\Gamma_N^{1,0}(x,\cdot)\|\,|u'-v'|$$
$$\leqq \varrho\,\frac{3P(1-x)}{\sqrt{1+y'^2}}(1+2y'^2)\Big|_{y'=\varphi'+w} \|\Gamma_N^{1,0}(x,\cdot)\|\,|u'-v'| \qquad u' \ldots w \ldots v'$$
$$\leqq \varrho 3P(1-x)\,[1+2(|\varphi'(x)| + \varrho\,\|\Gamma_N^{1,0}(x,\cdot)\|)^2] * \|\Gamma_N^{1,0}(x,\cdot)\| * |u'-v'|.$$

Daraus ergibt sich

$$\Delta_1^2(\varrho) = (3\varrho P)^2 \int_0^1 (1-x)^2 \left[1 + 2\left(|\varphi'(x)| + \varrho\sqrt{\frac{e^{2Ax}-1}{2A}}\right)^2\right]^2 \left(\frac{e^{2Ax}-1}{2A}\right)^2 dx$$

und mit

$$\varrho_0 = 0.0000293 \quad \text{für } P = 1/2:\quad \Delta_1(\varrho_0) = 0.0000085,$$
$$\varrho_0 = 0.00268 \quad \text{für } P = 1:\quad \Delta_1(\varrho_0) = 0.00187.$$

Diese Werte genügen den Nebenbedingungen Gl. (24a, b), und es können die Fehlerschranken

$$P = 1: \quad |y(x) - \varphi(x)| \leqq 0.00269 \left[\frac{1}{2A^3}\left((e^{Ax} - 2)^2 + 2Ax - 1\right)\right]^{1/2}$$

$$\leqq 0.00274 * x^{1.5},$$

$$|y'(x) - \varphi'(x)| \leqq 0.00269 \left[\frac{1}{2A}(e^{2Ax} - 1)\right]^{1/2} \leqq 0.00350 * x^{0.5},$$

$$\text{mit } A = 0.42008,$$

$$P = \frac{1}{2}: \quad |y(x) - \varphi(x)| \leqq 0.0000293 \left[\frac{1}{2A^3}\left((e^{Ax} - 2)^2 + 2Ax - 1\right)\right]^{1/2}$$

$$\leqq 0.0000194 * x^{1.5},$$

$$|y'(x) - \varphi'(x)| \leqq 0.0000293 \left[\frac{1}{2A}(e^{2Ax} - 1)\right]^{1/2}$$

$$\leqq 0.0000307 * x^{0.5}$$

$$\text{mit } A = 0.091154$$

garantiert werden. Bezogen auf den Maximalwert von φ bzw. φ' wird bei $P = 1$ eine Genauigkeit von 5‰, 6‰, bei $P = 0.5$ sogar von 0.1‰, 0.2‰ gesichert.

Das mit dem Automaten bequem handhabbare verallgemeinerte Kollokationsverfahren mit Fehlerabschätzung hat viele Eigenschaften, die es als Standardverfahren empfehlen. Voraussetzung ist eine wenigstens heuristisch begründete Auswahl von Ansatzfunktionen und ein einigermaßen „glattes" Verhalten der Differentialform $f(x, y^{(i)})$ der Aufgabe Gl. (25).

5. Die Verbindung zwischen Sprachtransformationen und analytischen Grundaufgaben

Die Analyse moderner, fachsprachlich gestützter Programmpakete im Kapitel 2 und einiger typischer Aufgabenstellungen einer analytisch orientierten, d. h. formelmäßig arbeitenden konstruktiven Mathematik im Kapitel 4 haben erste Anforderungen an den Computer hervortreten lassen, die zu ihrer automatischen Bewältigung notwendig sind (vgl. hierzu auch die Zusammenstellung in 4.2.). Dazu werden Differentiations- und Integrationsaufgaben sowie die Intervallalgebra bereits recht gut standardmäßig in Formelmanipulationssystemen ausgeführt (vgl. Kapitel 3). Abschätzungsmethoden für Funktionen, Schrankenberechnungen, die konstruktive Bereitstellung einfacher und höherer Lipschitz-Beziehungen werden dabei nur teilweise und insbesondere die letzten Abschätzungen bestenfalls nur implizit berücksichtigt. Anknüpfend an die Erfahrungen [33, 51] mit der computermäßigen Differentiation und deren Beziehungen zu Sprachtransformationen erweist sich, daß diese auch die übrigen zuvor genannten Fragestellungen zu erfassen gestatten. Dabei ist diese Vorgehensweise inhaltlich sachgerecht, da sie einem inneren Zusammenhang folgt.

Zugrunde gelegt wird im folgenden wieder die Klasse E der (wenigstens stückweise) elementaren Funktionen aus 4.2. Insbesondere für Differentiationsaufgaben wurde diese in Anlehnung an die Vorgehensweise bei der Definition rekursiver Funktionen verschiedentlich bereits formal gefaßt. So unter der Bezeichnung „faktorisierbare Funktionen" in [33, 51], so daß hier darauf verwiesen werden kann. Dementsprechend wird auch die Transformation von Formeln zur Bestimmung (lokaler) Ableitungen lediglich an einem Beispiel in Erinnerung gerufen und sonst auf die Literatur Bezug genommen.

Jeder Compiler oder Interpreter für Programme einer Sprache muß mathematische Formelausdrücke der Klasse E (oder analoge Bildungen) in elementare Konstruktionen zerlegen; die Darstellung erfolgt am zweckmäßigsten durch einen Kantorowitsch-Graphen.

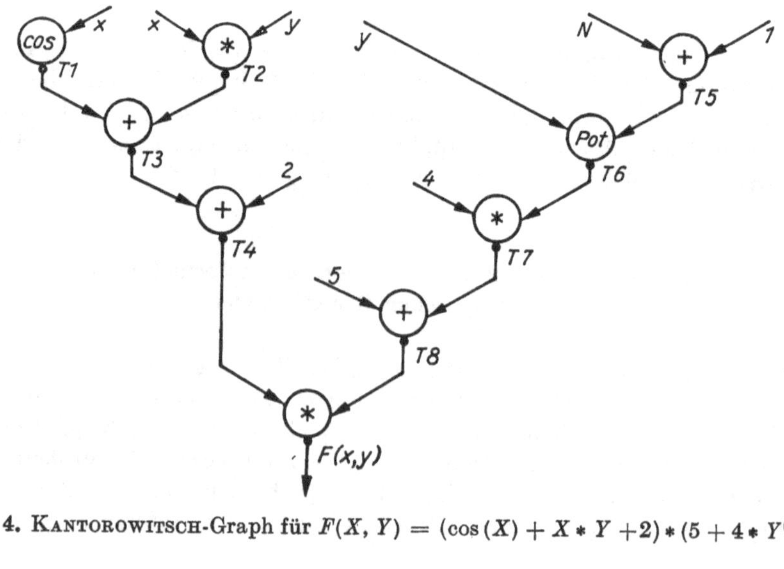

Abb. 4. Kantorowitsch-Graph für $F(X, Y) = (\cos(X) + X * Y + 2) * (5 + 4 * Y^{(N+1)})$

5.1. Der Kantorowitsch-Graph

Er erfaßt in seinen Knoten zu einem gegebenen Ausdruck aus E die vorkommenden Operationen und zulässigen elementaren Funktionen, während die (gerichteten) Eingangskanten den Operanden (Variablen oder Konstanten), die Ausgangskanten Resultatvariablen entsprechen. Das Vorgehen wird nur am Beispiel verdeutlicht. Zur Formel

$$F(X, Y) = (\cos(X) + X * Y + 2) * (5 + 4 * Y^{(N+1)}) \tag{29}$$

gehört der Graph nach Abbildung 4: (Er sei zusammenhängend und zyklenfrei; Iterationen erfordern besondere Überlegungen.)
Daraus läßt sich die folgende Liste von Elementaranweisungen — eine sog. Code-Liste für $F(X, Y)$ — ablesen:

$$\begin{array}{llll}
1 & T1 := \cos(X) & 6 & T6 := Y \text{ Pot } T5 \\
2 & T2 := X * Y & 7 & T7 := 4 * T6 \\
3 & T3 := T1 + T2 & 8 & T8 := 5 + T7 \\
4 & T4 := T3 + 2 & 9 & F \ := T4 * T8. \\
5 & T5 := N + 1 & &
\end{array} \tag{30}$$

Diese Code-Liste repräsentiert $F(X, Y)$ vollständig, sie wird im Automaten bei der Formelübersetzung hergestellt und dient der Wertberechnung für F. Sie läßt sich analog für beliebige andere Konstruktionen aus E herstellen. Sobald dabei einmal Fallunterscheidungen notwendig werden, wie z. B. bei stückweise zusammengesetzten Bildungen, müssen im KANTOROWITSCH-Graphen entsprechend gesteuerte Verzweigungen eingeführt werden — vgl. Abbildung 5.

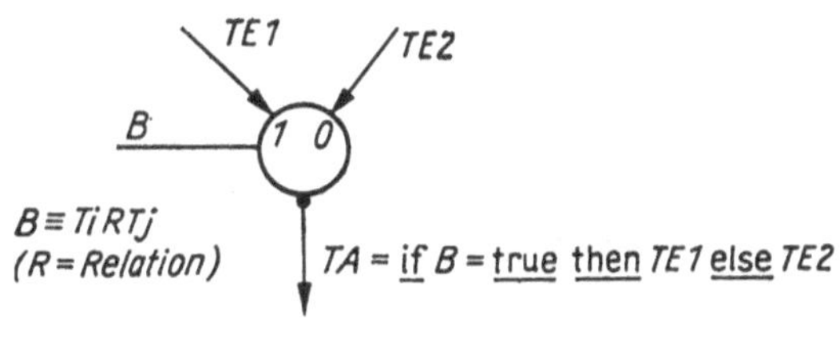

Abb. 5. Durch die Bedingung B gesteuerte Verzweigung

In der Code-Liste wird das etwa durch eine Verzweigungsanweisung: **if** Bedingung **then** „Nr. der nächsten Anweisung" berücksichtigt.

5.2. Der Differentialkalkül

Zu jedem Element aus E läßt sich die totale Ableitung bzw. deren Code-Liste aus der zugehörigen Funktions-Code-Liste durch eine einfache Substitution gewinnen und dabei gleichzeitig auch die zugehörige Ordnungsbeziehung sachgemäß erweitern. Mit Ti für eine beliebige Variable oder Konstante (bezüglich der Variablen, nach denen differenziert wird) und $DTi = 0$, falls Ti im zuvor genannten Sinne konstant bleibt, wird nach folgenden beispielhaften Regeln ersetzt: (dabei wird angenommen, daß in der Code-Liste der zu differenzierenden Funktion die Bezeichnungen Ui, Vi nicht vorkommen, h ist die Nr. der Anweisung)

$$\begin{array}{lll}
h\ Ti := Tj + Tk & \rightarrow h & DTi := DTj + DTk \\
h\ Ti := Tj * Tk & \rightarrow h.1 & Vi := Tj * DTk \\
 & h.2 & Ui := Tk * DTj \\
 & h.3 & DTi := Vi + Ui \\
 & & \\
h\ Ti := Tj / Tk & \rightarrow h.1 & Vi := Tj / Tk \\
 & h.2 & Ui := DTk * Vi \\
 & h.3 & Ui := DTj - Ui \\
 & h.4 & DTi := Ui / Tk \\
 & & \\
h\ Ti := \cos(Tk) & \rightarrow h.1 & Vi := \sin(Tk) \\
 & h.2 & Ui := (-1) * Vi \\
 & h.3 & DTi := Ui * DTk \\
 & & \\
h\ Ti := Tj \text{ Pot } Tk & \rightarrow h.1 & Vi := Tk - 1 \\
(\text{falls } DTk = 0) & h.2 & Ui := Tj \text{ Pot } Vi \\
 & h.3 & Ui := Tk * Uj \\
 & h.4 & DTi := Ui * DTi .
\end{array} \tag{31}$$

(Sobald $DTk \neq 0$ mit erfaßt werden soll, ist der entsprechende allgemeine Ausdruck oder die Entscheidung mit einer Verzweigungsanweisung **if** $DTk = 0$ **then** h. 1 ... **else** h. 1 ... **fi** zu benutzen.
h. 2 ... h. 2
: :

Überall muß bei der Abarbeitung bei auftretenden Funktionen beachtet werden, daß ggf. Argumente aus dem Definitionsbereich laufen können).

Das Resultat der Substitution nach Gl. (31) ergibt für die Funktion $F(X, Y)$ von Gl. (29) über die Code-Liste (30) für das totale Differential $DF(X, Y)$ bez. der Variablen X und Y:

1.1	$V1 := \sin(X)$	6.2	$U6 := Y$ **Pot** $V6$
1.2	$U1 := (-1) * V1$	*) 6.3	$U6 := T5 * U6$
1.3	$DT1 := U1 * DX$	6.4	$DT6 := U6 * DY$
2.1	$V2 := X * DY$	7.1	$V7 := 4 * DT6$
2.2	$U2 := Y * DX$	*) 7.2	$U7 := T6 * \mathbf{D4} = 0$ (32)
2.3	$DT2 := V2 + U2$	7.3	$DT7 := V7$
3	$DT3 := DT1 + DT2$	8	$DT8 := \mathbf{D5} + DT7 = DT7$
4	$DT4 := DT3 + \mathbf{D2} = DT3$	*) 9.1	$VF := T4 * DT8$
5	$DT5 := \mathbf{DN} + \mathbf{D1} = 0$	*) 9.2	$UF := T8 * DT4$
*) 6.1	$V6 := T5 - 1$	9.3	$DF := VF + UF.$

(Verstärkt sind Differentiale von Konstanten, die als solche schon bei der Substitution erkennbar sind und durch eine „Null" ersetzt werden können. Sternchen *) kennzeichnen Anweisungen, die noch Bezug auf die Code-Liste von $F(x, y)$ nehmen. Aus dem totalen Differential können gewünschte partielle Ableitungen oder Richtungsdifferentiale usw. durch passende Wahl der DX, DY-Werte bestimmt werden.)

Damit erweisen sich die Umsetzung (oder Übersetzung) eines Formelausdrucks in eine Maschinenbefehlsfolge und die Herstellung einer Anweisungsreihe für das totale Differential als von gleichartiger Natur. Die Sprach- und Formelmanipulationen stehen in engstem Zusammenhang. Ebenso wie die Differentiation ohne Bedenken zur analytischen Arbeitstechnik gezählt wird, sollte das auch für Sprachübersetzungen oder -transformationen gelten. Umgekehrt kann die Differentiation als einfache Sprachtransformation betrachtet werden. Obwohl dieser Ableitungskalkül zunächst rein algebraisch funktioniert, so macht sich das analytische Verhalten häufig genug an Randstellen, bei gestückelten Gebieten, bemerkbar — sobald z. B. Stetigkeitsbedingungen verletzt und zusätzliche Übergangsbedingungen wirksam werden. Ein für die Praxis wichtiges Problem ist auch die optimale Gestaltung der Formelzerlegungen, da dies sowohl die Bearbeitungsgeschwindigkeit als auch den Speicherbedarf wesentlich beeinflußt. Besonders kritisch werden diese Auswirkungen, wenn auch höhere Ableitungen, z. B. für eine Taylor-Entwicklung, benötigt werden [33, 51, 12].

Im Zusammenhang mit der Automatisierung der Fehlerabschätzungen nach Abschnitt 4.2. wurde für die verschiedenen notwendigen Schrankenberechnungen für Funktionen die bekannte Intervallarithmetik (oder -algebra) ausgenutzt, obwohl dabei mancherlei Wünsche offenbleiben. Hierauf soll die anschließende kurze Übersicht aufmerksam machen, in der dieses Hilfsmittel wieder als Problem der Sprachtransformation dargestellt wird.

5.3. *Die Intervallalgebra als Sprachtransformation, Grundlagen für Schrankenberechnungen zu Funktionen*

Die Intervallarithmetik [1, 45] geht davon aus, daß alle Variablen und Größen die Werte aus (abgeschlossenen) Intervallen auf $\mathbb{R}$ annehmen können:

$$x \in \langle x_1, x_2 \rangle = X, \qquad x, x_1, x_2 \in \mathbb{R} \text{ (oder Teilmenge davon)}, \ x_1 \leqq x_2. \tag{33a}$$

Ihre Gesamtheit sei $I(\mathbb{R}) = \{\langle x, y\rangle \mid x, y \in \mathbb{R}, x \leqq y\}$.

Arithmetische Operationen (für $+, -, *, /$ steht im folgenden gemeinsam „**op**") und (auf den Intervallen stetige) elementare Funktionen aus E ergeben dann sinngemäß Resultatintervalle, die alle Werte zusammenfassen, die bei Berücksichtigung aller Argumentwerte aus dem zugehörigen Intervall erhalten werden

$$X \text{ „op" } Y = \langle x_1, x_2\rangle \text{ „op" } \langle y_1, y_2\rangle := \{x \text{ „op" } y \mid x \in X, y \in Y, \ X, Y \in I(\mathbb{R})\} \tag{33b}$$

sowie $f(X) := \{f(x) \mid x \in X \in I(\mathbb{R}), f \in E$, stetig auf $X\}$, z. B. $e^{\langle x_1, x_2\rangle} = \langle e^{x_1}, e^{x_2}\rangle$, $(x_1 \leqq x_2)$.

(Auf jeden Fall soll für die Grundfunktionen $f \in E$ im folgenden immer gesichert sein, daß im Stetigkeitsgebiet von f für $X_1, X_2 \in I(\mathbb{R})$ die Monotonie $f(X_1) \supset f(X_2)$ bei $X_1 \supset X_2$ und mit geschachtelten Folgen $X_{i-1} \supset X_i = \langle a_i, b_i\rangle$ sowie $a_i, b_i \to a$ $(i \to \infty)$ auch für $f(X_i) = Y_i = \langle c_i, d_i\rangle$ die Konvergenz $c_i, d_i \to c = f(a)$ resultiert.)

Die mit (33a, b) definierte Algebra $(I(\mathbb{R}), \text{„op"})$ erweist sich bez. der Addition und Multiplikation als assoziativ, kommutativ und subdistributiv $\big(X * (Y + Z) \subseteqq X * Y + X * Y\big)$. In $I(\mathbb{R})$ können auch die Elemente $x \in \mathbb{R}$ mit $x \sim \langle x, x\rangle \in I(\mathbb{R})$ isomorph eingebettet werden. Außerdem gelten für „**op**" und im Stetigkeitsbereich der Grundfunktionen aus E die Monotonieeigenschaften

$$\begin{gathered} X_1 \subseteqq X_2, \ Y_1 \subseteqq Y_2 \text{ bedingt } f(X_1) \subseteqq f(X_2) \text{ und} \\ X_1 \text{ „op" } Y_1 \subseteqq X_2 \text{ „op" } Y_2 \ (0 \notin Y_2 \text{ bei der Division}). \end{gathered} \tag{34a}$$

Als unmittelbare Folge hieraus können alle Funktionen aus E, wenn die Argumentintervalle aller dazu benötigten elementaren Grundfunktionen in deren Definitions- und Stetigkeitsbereich liegen, eingeschrankt werden:

$$\begin{aligned} f(X_1, \ldots, X_n) &:= \{f(x_1, \ldots, x_n) \mid f \in E, \ x_i \in X_i \in I(\mathbb{R}), \ f \text{ stetig auf}\} \\ &\qquad\qquad (i = 1, \ldots, n) \ X_1 \times \ldots \times X_n \\ &\subseteqq \text{If}\,(X_1, \ldots, X_n) = \langle A, B\rangle. \end{aligned} \tag{34b}$$

Hierin kann If jede ausführbare, intervallmäßige Auswertung des zu $f \in E$ gehörigen Formelausdrucks sein. (Dabei können verschiedene Darstellungen der Funktionen $f \in E$ sehr wohl zu unterschiedlichen Schranken führen. So wird für $f_1(x) := x - x$, $f_2(x) := 0$ zwar $f_1(x) = f_2(x)$, aber die Intervallrechnung nach (33b), (34b) liefert für $X = \langle -1, 1\rangle$, If $(\langle -1, 1\rangle) = \langle -2, 2\rangle$, $\mathrm{If}_2 (\langle -1, 1\rangle) = \langle 0, 0\rangle$).

Die Resultate (34b) lassen sich dabei unter den angenommenen Voraussetzungen beliebig verschärfen, wenn alle Intervalle $X_1, \ldots, X_n$ in (bis auf Randpunkte disjunkte) Streifen zerlegt werden $X_i = \bigcup_k X_{i,k}$, deren Breite gleichmäßig auf 0 eingeengt wird:

$$f(X_1, \ldots, X_n) \subseteqq \bigcup_{k_1=1}^{n_1} \cdots \bigcup_{k_n=1}^{n_n} f(X_{1,k_1}, \ldots, X_{n,k_n}) \subseteqq \bigcup_{k_1,\ldots,k_n}^{n_1,\ldots,n_n} \mathrm{If}\,(X_{1,k_1}, \ldots, X_{n,k_n})$$

$$X_i = \bigcup_{k_i=1}^{n_i} X_{i,k_i} \quad (n_i \to \infty) \qquad \to f(X_1, \ldots, X_n'). \qquad (34\mathrm{c})$$

Wenn die Intervallarithmetik vor allem auf die Beherrschung auch der Rundungsfehler im Computer orientiert wird, so muß die Intervallmenge auf die Verwendung eines entsprechenden Zahlengitters $R_M \subset \mathbb{R}$ beschränkt werden, das in der Maschine und im Speicher realisiert ist. Bei den dazu notwendigen Ab- bzw. Aufrundungen der Intervallenden bleiben die entscheidenden Monotonieeigenschaften nach Gl. (34a) und demzufolge die Schranken in Gl. (34b, c) gültig[10]). Da im vorliegenden Fall die Schrankenbestimmung für Funktionen bei durchaus nicht zu kleinen Intervallen im Blickpunkt standen, konnte die Schrankenarithmetik jedoch sogar auch ohne Rücksicht auf Rundungseffekte mit gutem Erfolg angewandt werden [10]. Desgleichen wird hier auf die zur Intervallalgebra in der Literatur entwickelten Topologien und auf die Intervall-Analysis nicht weiter Bezug genommen [45].

Praktisch sind die Intervalloperationen und Grundfunktionen zumeist leicht rechnerisch erhältlich (besonders, wenn die Funktion oder Operation monotones Verhalten zeigt), so ist z. B.:

$$\langle x_1, x_2\rangle + \langle y_1, y_2\rangle = \langle x_1 + y_1, x_2 + y_2\rangle, \langle x_1, x_2\rangle - \langle y_1, y_2\rangle = \langle x_1 - y_2, x_2 - y_1\rangle$$

und (35)

$$\langle x_1, x_2\rangle * \langle y_1, y_2\rangle = \langle \min_{i,k=1,2} x_i * y_k, \max_{i,k=1,2} x_i * y_k\rangle, \; \mathrm{e}^{\langle x_1, x_2\rangle} = \langle \mathrm{e}^{x_1}, \mathrm{e}^{x_2}\rangle.$$

10 Hierzu wurden von der IEEE (USA-Gesellschaft für Elektro- und Elektronik-Ingenieure) in verdienstvoller Weise Standards ausgearbeitet und empfohlen [32], [58], die auch von der IFIP (intern. Förderation für Informationsverarbeitung) unterstützt werden.

Etwas mühsamer wird mit $X = \langle x_1, x_2\rangle \in I(\mathbb{R})$ und $z_1 = \sin x_1, z_2 = \sin x_2$ erhalten:

$$\begin{aligned}\sin(X) = \mathbf{if}\ \frac{\pi}{2} \bmod 2\pi \in X\ \mathbf{then\ if}\ -\frac{\pi}{2} \bmod 2\pi \in X\ \mathbf{then}\ \langle -1, 1\rangle \\ \mathbf{else}\ \langle \min(z_1, z_2), 1\rangle\ \mathbf{else\ if}\ -\frac{\pi}{2} \bmod 2\pi \in X\ \mathbf{then}\ \langle -1, \max(z_1, z_2)\rangle \\ \mathbf{else}\ \langle \min(z_1, z_2), \max(z_1, z_2)\rangle \qquad (36)\end{aligned}$$

und für $n \geqq 0$, ganz

$$\begin{aligned}X^n = \mathbf{if}\ n\ \text{ungerade}\ \mathbf{then}\ \langle x_1{}^n, x_2{}^n\rangle \\ \mathbf{else\ if}\ x_1 \geqq 0\ \mathbf{then}\ \langle x_1{}^n, x_2{}^n\rangle\ \mathbf{else} \\ \mathbf{if}\ x_2 \leqq 0\ \mathbf{then}\ \langle x_2{}^n, x_1{}^n\rangle\ \mathbf{else}\ \langle 0, \max(x_1{}^n, x_2{}^n)\rangle .\end{aligned}$$

Entsprechend sind auch alle anderen Standardfunktionen von E zu interpretieren (und dabei auch ihre Definitions- und Stetigkeitsbereiche zu bedenken).

Die für eine intervallmäßige Berechnung beispielsweise der Funktion $F(X, Y)$ aus Gl. (29) erforderlichen Anweisungen lassen sich aus deren Code-Listen (Gl. (30)) sofort durch passende Umdeutung bzw. Substitution entnehmen. Dazu werden alle bisher einfachen Variablen als eindimensionale Felder verstanden und vereinbart (z. B. entsprechend ALGOL 60 mit **array** $X[1:2]$). Bei Feldern wäre deren Dimension entsprechend um 1 zu erhöhen. Die Prozeduren **IPlus** $(X, Y) =: (R)$, **IMult** $(X, Y) =: (R)$, **ISin** $(X, Y) =: (R)$ mögen die Intervalloperationen aus Gl. (35—36) usw. realisieren. Dann werden die Code-Listen (aus Übersichtlichkeitsgründen in 2 Schritten) durch die folgenden Substitutionsregeln erhalten:

Schritt 1: (In dem „**op**" für ein mögliches Operationszeichen, „Name" für eine evtl. Funktions-, *Ti* als Variablen- oder Konstantenbezeichnungen, unter denen *U*, *V* nicht vorkommen soll, stehen kann.)

$$\begin{aligned}
&h\ Ti := Tj\,\text{„}\mathbf{op}\text{"}\,Tk \xrightarrow[\text{Zahlworte}]{\text{falls } Tj,\, Tk} && h.1\quad U[1] := U[2] := Tj \\
& && h.2\quad V[1] := V[2] := Tk \\
& && h.3\quad Ti := U\,\text{„}\mathbf{op}\text{"}\,V, \\
&\xrightarrow[\text{Zahlwort}]{\text{falls } Tj} && h.1\quad U[1] := U[2] := Tj \\
& && h.2\quad Ti := U\,\text{„}\mathbf{op}\text{"}\,Tk \qquad (37\text{a}) \\
&\xrightarrow[\text{Zahlwort}]{\text{falls } Tk} && h.1\quad U[1] := U[2] := Tk \\
& && h.2\quad Ti := Tj\,\text{„}\mathbf{op}\text{"}\,U \\
&h\ Ti := \text{„Name"}(Tj) \xrightarrow[\text{Zahlwort}]{\text{falls } Tj} && h.1\quad Ti[1] := \text{„Name"}(Tj) \\
& && h.2\quad Ti[2] := Ti[1].
\end{aligned}$$

Schritt 2: (Dabei kann Tj, Tk zuvor durch $U[i]$, $V[i]$ ersetzt sein, zudem werden hier nur die in Aufgabe (29) vorkommenden Operationen und Funktionen beachtet; bei der Potenzbildung wäre ggf. die Einhaltung des Definitionsbereiches zu prüfen.)

$$\begin{array}{llll} h\ Ti := Tj + Tk & \to h.1\ \mathbf{IPlus} & (Tj, Tk) =: (Ti) \\ h\ Ti := Tj - Tk & \to h.1\ \mathbf{IMinus} & (Tj, Tk) =: (Ti) \\ h\ Ti := Tj * Tk & \to h.1\ \mathbf{IMult} & (Tj, Tk) =: (Ti) \\ h\ Ti := Tj\ \mathbf{Pot}\ Tk & \to h.1\ \mathbf{IPot} & (Tj, Tk) =: (Ti) \\ h\ Ti := \cos(Tj) & \to h.1\ \mathbf{ICos} & (Tj, Tk) =: (Ti). \end{array} \tag{37b}$$

Für die Funktionen $F(X, Y)$ der Gl. (29) ergibt sich aus deren Code-Liste (30) mit (37a—b) $X, Y, N \in I(\mathbb{R})$:

$$\begin{array}{llll} 1.1 & \mathbf{ICos}(X) =: (T1) & 6.1 & \mathbf{IPot}\ (Y, T5) =: (T6) \\ 2.1 & \mathbf{IMult}(X, Y) =: (T2) & 7.1 & U[1] := U[2] =: 4 \\ 3.1 & \mathbf{IPlus}(T1, \mathrm{T2}) =: (\mathrm{T3}) & 7.2.1 & \mathbf{IMult}(U, T6) =: (T7) \\ 4.1 & U[1] := U[2] := 2 & 8.1 & U[1] := U[2] := 5 \\ 4.2.1 & \mathbf{IPlus}(T3, U) =: (T4) & 8.2.1 & \mathbf{IPlus}(U, T7) =: (T8) \\ 5.1 & U[1] := U[2] := 1 & 9.1 & \mathbf{IMult}(T4, T8) =: (F) \\ 5.2.1 & \mathbf{IPlus}(N, U) =: (T5) & & \end{array} \tag{38}$$

(alle Anweisungen mit 3stelliger Ordnungszahl benötigten 2 Substitutionsschritte).

Für eine effektive Arbeit mit der Intervallarithmetik zur Schrankenberechnung ist die Abhängigkeit der Qualität der Ergebnisse von der Zerlegung der Ausdrücke (vgl. unter Gl. (34b), der Abarbeitungsfolge usw. zu beachten. In der Literatur finden sich erste Ansätze und Erweiterungen der einfachen Intervallarithmetik, die zur Verbesserung der Resultate führen [23, 3, 47, 29]. In der Diplomarbeit [10] werden dazu alle Ausdrücke auf einen Mittelwert der Intervalle umgeschrieben und damit gute Ergebnisse erzielt (als „Näherung" für die bekannte Zentrierung der Ausdrücke — vgl. z. B. [52]). Als Regel sollten vor der intervallmäßigen Auswertung in der Formel alle möglichen Additionen/Subtraktionen, Kürzungen für gleichartige Teilausdrücke sowie evtl. notwendige (Taylor-)-Entwicklungen erledigt werden. Potenzausdrücke werden als Grundfunktionen erkannt und verarbeitet. Wegen des erforderlichen hohen Aufwandes kann insbesondere bei zahlreichen Variablen die Intervallzerlegung nur mit Vorsicht eingesetzt werden. Zwei Beispiele mögen die Wirkung der o. a. Regeln bei Schrankenberechnungen unterstreichen:

a) $f(x) = \sin(x)/x$ mit $f(0) = 1$ erfordert für $x \in \langle -1, 1\rangle = X$ eine Aufbereitung, da If (X) wegen $0 \in X$ zunächst nicht existiert. Die Entwicklung $f(x) = 1 - x^2 \cos(\vartheta x)/6 = f_1(x, \vartheta)$ mit $\vartheta \in \langle 0, 1\rangle = \Theta$ ergibt $\mathrm{If}_1(X, \Theta) = 1 - X^2 \cos(\Theta * X)/6 = 1 - \langle 0, 1\rangle \cos(\langle -1, 1\rangle)/6 = \langle 1 - \cos(0)/6, 1\rangle \subseteq \langle 0.83, 1\rangle \supset f(X) = \langle \sin 1, 1\rangle = \langle 0.84, 1\rangle$.

b) (Vgl. Bsp. aus 4.4.) $f(x) = [(e^{Ax} - 2)^2 + 2Ax - 1]/(2A^3)$, $A > 0$ und $x \in \langle 0, 1\rangle = X$. Die unmittelbare Auswertung $\mathrm{If}(X) = 1/(2A^3) * \langle [\max(0, 2 - e^A)]^2 - 1, \max(1, (e^A - 2)^2) + 2A - 1\rangle$ ergibt für $A = 0.1$, $A = 0.5$ $\mathrm{If}(X) = \langle -99.6, 100\rangle, \langle -3.81, 4\rangle$ anstelle der exakten Werte $f(X) = \langle 0, 0.36\rangle, \langle 0, 0.50\rangle$. Die Taylor-Entwicklung um $x = 0$ und sofortige Zusammenfassung führt auf $f(x) = x^3 e^{Ax\vartheta}[2e^{Ax\vartheta} - 1]/3 = x^3 f_1(x, \vartheta)$, $x \in \langle 0, 1\rangle = X$, $\vartheta \in \langle 0, 1\rangle = \Theta$. Die Intervallrechnung $\mathrm{If}_1(X, \Theta) = \langle 1, e^A(2e^A - 1)\rangle/3$ gestattet damit die Eingrenzungen $x^3/3 \leqq f(x) \leqq x^3 e^A(2e^A - 1)/3$ oder für $A = 0.1$, $A = 0.5$ die wesentlich besseren Einschließungen $f(x) \in \langle 0, 0.45\rangle, \in \langle 0, 1.27\rangle$. — Überlegen erweist sich $\mathrm{If}(x)$ nur bei größeren A.

Diese Exempel verdeutlichen die richtige Handhabung des Instruments Intervallarithmetik speziell in Verbindung mit geeigneten Entwicklungssätzen. Dabei sollte zumindest derzeit immer auch noch eine Dialogmöglichkeit zum Eingreifen des Spezialisten im Programm vorgesehen sein. Hinsichtlich einer wirklich effektiven Ausnutzung des Gesamtapparates zur Schrankenbestimmung, z. B. zur Berücksichtigung eines den jeweiligen Genauigkeitsforderungen angepaßten Vorgehens, sind zahlreiche Fragen offen, und es bleiben noch viele Möglichkeiten, wie etwa die Eigenschaften von Betragsbildungen, ungenutzt.

5.4. Taylor-Restglieder und Lipschitz-Beziehungen

Die Schrankenbestimmungen für Funktionen $f(x_1, \ldots, x_n) \in E$ mittels der Intervallarithmetik lassen sich bei Kopplung mit Taylor-Entwicklungen und Lagrangescher Restglieddarstellung besonders bequem ausführen, wenn die Variablen $x_1, \ldots, x_n$ als Parameter betrachtet werden, und lediglich im Restglied der vorkommende einzige Zwischenwert $0 < \vartheta < 1$ eine intervallmäßige Auswertung $\vartheta \in \Theta = \langle 0, 1\rangle$ erfordert. Dann ist auch die Zerlegung des Einzelintervalls Θ problemlos möglich. Zur Behandlung der dabei auftretenden Teilaufgaben durch den Computer erweisen sich die in den Abschnitten 5.2. und 5.3. dargestellten Hilfsmittel als völlig angemessen.

Diese Vorgehensweise läßt sich jedoch auch auf die Ausnutzung von Interpolationsmethoden ausdehnen, bei denen bekanntlich gleichartige Restglieddarstellungen wie bei der Taylor-Entwicklung möglich sind. Sogar die Beschränkung etwa auf Polynom- oder Polynomspline-Approximationen wird überflüssig, wenn vorhandene Ansätze für die Funktionsdarstellungen durch lineare Funktionale nach [22] oder auch die Auffassung allgemeiner Entwicklungsmethoden als Projektionsverfahren in geeigneten Funktionsräumen ausgenutzt werden. Auf der Basis der Theorie reproduzierender Kerne führt das nach [35] am unmittelbarsten zur Darstellung als verallgemeinerte TAYLOR-Entwicklung mit integraler Restdarstellung: $f(x) = \sum_{i=1}^{n} A_i g_i(x) + \big(K(x, \cdot), f(\cdot)\big)$, bei der $(\cdot, \cdot)$ eine Bilinearform, die Interpolationsfunktionen $g_i(x)$ darauf bezügliche „Nullwerte" $(g_i, g_i) = 0$, $K(x, s)$ den reproduzierenden Kern eines hinsichtlich der Bilinearform zu den $g_i(x)$ orthogonalen Raumes darstellt. Die breite Anwendung der damit möglichen angepaßten Wahl der Approximationsfunktionen an die jeweilige Aufgabe wurde wiederum durch die erforderliche analytische Vorbereitungsarbeit behindert. Erst beim Einsatz des Computers hierfür lassen sich diese Schranken überwinden, wie an anderer Stelle gezeigt wird.

5.4.1. LIPSCHITZ-Beziehung 2. Ordnung

In diesem Abschnitt sollen die TAYLOR-Entwicklung und die Intervallrechnung für die im Abschnitt 4.2.—4.4. zur Fehlerabschätzung notwendigen LIPSCHITZ-Abschätzungen eingesetzt werden. Das Vorgehen ist dabei für eine große Aufgabenklasse typisch. Vorausgesetzt wird etwas allgemeiner als im Abschnitt 4.2. eine Funktion

$$r(x, y_1, \ldots, y_n) = r(x, y_i) =: r(y_i) \in C^{(0)}\langle a, b\rangle \quad \text{für} \quad y_i(x) \in C^{(0)}\langle a, b\rangle. \qquad (39\text{a})$$

Dabei wird die jeweilige Abhängigkeit von x nur erforderlichenfalls hervorgehoben. Generell wird r als Funktion der Variablen x, y_i als $\in E$ (elementare Funktion) angenommen, und zudem soll r bezüglich der Punktvariablen $(x, y_i, \ldots, y_n)$ die bereits bei Gl. (21) festgelegten Differentiations- und Beschränktheitsbedingungen erfüllen (ggf. genügt, wenn das bez. x stückweise der Fall ist). Die Untersuchung wird in der für die Anwendungen geeignetesten Form durchgeführt und auf die LIPSCHITZ-Abschätzung 2. Ordnung entsprechend der Definition in 4.2., Gl. (23a)/(23b) orientiert[11]:

$$T\left(r\left(\varphi_i + \begin{matrix} u_i \\ v_i \end{matrix}\right)\right) = \left| r(\varphi_i + u_i) - r(\varphi_i + v_i) - \sum_{j=1}^{n} \frac{\partial r(\varphi_i)}{\partial \varphi_j}(u_j - v_j) \right| \leqq \sum_{j=1}^{n} A_j |u_j - v_j|$$

$$\text{mit } 0 \leqq A_j(x, \varrho) \leqq \varrho * a_j(x) \text{ für } |u_i|, |v_i| \leqq \varrho\, W_i,\ W_i(x) \geqq 0.$$

$$0 \leqq \varrho < B \qquad (39\text{b})$$

[11] Die übliche LIPSCHITZ-Beziehung (1. Ordnung) wurde analog implementiert.

Dabei sind alle Funktionen φ_i, A_j, a_j, W_i, u_i, $v_i \in C^{(0)}\langle a, b\rangle$ und φ_i, A_j, a_j, $W_i \in E$ auf $\langle a, b\rangle$ beschränkt sowie die Gewichtsfunktionen $W_i(x)$ höchstens an endlich vielen Stellen Null. Bei den A_j wird gelegentlich die Abhängigkeit von x, ϱ, aber auch von φ_i und W_i hervorgehoben: $A_j = A_j(x, \varrho, \varphi_i, W_i)$. Für Funktionen $r(x, y_i)$, die alle Forderungen aus Gl. (21) erfüllen, kann durch TAYLOR-Entwicklung um $\varphi_i + v_i$ und φ_i bei $|u_i|$, $|v_i| \leqq \varrho W_i$

$$r(\varphi_i + u_i) = r(\varphi_i + v_i) + \sum_{j=1}^{n} (u_j - v_j) \left\{ \frac{\partial r(\varphi_i)}{\partial \varphi_i} + \sum_{k=1}^{n} \left(\frac{\partial^2 r(y_i)}{\partial y_j \, \partial y_k} \bigg|_{y_i = \varphi_i + \vartheta_j z_i} * z_k \right) \right\}$$

$$z_i = v_i + \vartheta(u_i - v_i), \quad \vartheta, \vartheta_j \in (0, 1), \quad |z_i|, |\vartheta_j z_i| \leqq \varrho W_i$$

erhalten und damit nach Gl. (39b)

$$T\left(r\left(\varphi_i + \begin{matrix} u_i \\ v_i \end{matrix}\right)\right) \leqq \sum_{j=1}^{n} \left| \sum_{k=1}^{n} \frac{\partial^2 r(y_i)}{\partial y_j \, \partial y_k}\bigg|_{y_i = \varphi_i + \vartheta_j z_i} * z_k \right| |u_j - v_j|$$

bestätigt werden. Die intervallmäßige Auswertung der Faktoren von $|u_j - v_j|$ liefert mit $z_i, \vartheta_j z_i \in \varrho W_i * \langle -1, 1\rangle$ und wegen

$$\mathrm{I} \sum_i \langle s_i, t_i\rangle \langle -1, 1\rangle = \sum_i \langle -\max(|s_i|, |t_i|), \max(|s_i|, |t_i|)\rangle = \langle -A, A\rangle,$$

$$A = \sum_i \max(|s_i|, |t_i|):$$

$$\mathrm{I} \sum_{k=1}^{n} \left| \frac{\partial^2 r(y_i)}{\partial y_i \, \partial y_k} \right|_{y_i = \varphi_i + \varrho W_i * \langle -1, 1\rangle} * \quad \varrho W_k * \langle -1, 1\rangle = \varrho \langle -R_j, R_j\rangle, \tag{40a}$$

so daß für die LIPSCHITZ-Faktoren A_j

$$A_j = \varrho R_j \tag{40b}$$

benutzt werden kann. Bei einer notwendigen Verschärfung der Ergebnisse durch Intervallzerlegung steigt der Aufwand wegen der zu bedenkenden Unabhängigkeit der z_i und $\vartheta_j z_i$ sehr unerwünscht. Aus dem gleichen Grund werden die zur Fehlerabschätzung erforderlichen Quadraturen nach den üblichen, zuverlässigen numerischen Methoden ausgeführt (nur in Sonderfällen könnte auch bez. x an eine Intervalleingrenzung gedacht werden [10]). Die Realisierung der kompletten Bearbeitung erfolgt in [6, 10] mittels eines FORMAC-Manipulationssystems auf ESER-Anlagen. Dabei wird von den Funktionen r, $\varphi^{(i)}$, $W_i \in E$ (die auch gestückelt sein können) ausgegangen und automatisch der Ausdruck für (40) sowie das Programm für die Intervallrechnung gewonnen. Letzteres wird erst bei der Festlegung von Zahlenwerten für ϱ, x abgearbeitet. Ein Beispiel kann das erhaltene Resultat illustrieren:

Mit $r(x, y, y') = (x + y')\,e^y$ wird $\frac{\partial^2 r}{\partial y^2} = (x + y')\,e^y$, $\frac{\partial^2 r}{\partial y\,\partial y'} = e^y$, $\frac{\partial^2 r}{\partial y'^2} = 0$, und es folgt

$$\varrho\,\langle -R_0, R_0\rangle = \varrho[(x + \varphi' + \varrho W_1 * \langle -1, 1\rangle)\,e^{\varphi+\varrho W_0*\langle -1,1\rangle} * W_0 * \langle -1, 1\rangle$$

$$+ e^{\varphi+\varrho W_0*\langle -1,1\rangle} * W_1 * \langle -1, 1\rangle],$$

$$(R_0 = [(x + \varphi' + \varrho W_1)\,W_0 + W_1]\,e^{\varphi+\varrho W_0})$$

$$\varrho\langle -R_1, R_1\rangle = \varrho\,e^{\varphi+\varrho W_0*\langle -1,1\rangle}\,W_0 * \langle -1, 1\rangle, \quad (R_1 = W_0\,e^{\varphi+\varrho W_0}).$$

Diese Ausdrücke bleiben jeweils intervallarithmetisch abzuarbeiten. Der Vergleich der maschinellen Bestimmung der A_j mit „Handarbeit" bestätigt in jedem Falle die Brauchbarkeit und Qualität der ersteren.

5.4.2. Ein Lipschitz-Kalkül in E[12])

Zunächst zu Studienzwecken, dann aber wegen der ausgezeichneten Handhabbarkeit und dem möglichen Verzicht auf intervallarithmetische Hilfsmittel an dieser Stelle wurde für die Lipschitz-Beziehungen zusätzlich ein Kalkül entwickelt, der am Differentialkalkül als Vorbild orientiert ist. Die einfache automatengerechte Realisierung und die Güte der Resultate lassen erwarten, daß sich diese Vorgehensweise durchsetzen wird.

Mit den zuvor in 5.4.1. definierten bzw. wiederholten Bezeichnungen werden zunächst Lipschitz-Schranken 2. Ordnung für die Basisfunktionen aus E bestimmt (analog 5.4.1.):

a) $T\big(f(x)\big) = 0$

b) $T\left(\left[\varphi + \frac{u}{v}\right]^1\right) = 0$

c) $T\left(e^{\varphi+\frac{u}{v}}\right) \leqq \varrho W\,e^{\varphi+\varrho W}\,|u - v|$

d) $T\left(\sin\left(\varphi + \frac{u}{v}\right)\right) \leqq \varrho W\,|u - v|$

e) $T\left(\dfrac{1}{\varphi + \frac{u}{v}}\right) \leqq \dfrac{\varrho 2W\,|u - v|}{(|\varphi| - \varrho W)^3}, \qquad \varrho W < |\varphi(x)|$ (41)

[12] Wird in vollständiger und formalisierter Fassung an anderer Stelle publiziert.

$$\text{f)}\quad T\left(\ln\left(\varphi + \begin{matrix}u\\v\end{matrix}\right)\right) \leqq \frac{\varrho W\,|u - v|}{\varphi(\varphi - \varrho W)} \quad \text{mit} \quad \varphi(x) > 0,\quad \varrho W < \varphi(x)$$

$$\text{g)}\quad T\left(\arctan\left(\varphi + \begin{matrix}u\\v\end{matrix}\right)\right) \leqq \varrho W\,\frac{3\sqrt{3}}{8}\,|u - v|. \tag{41}$$

Dabei wird $|u|, |v| \leqq \varrho W$ $(0 \leqq \varrho < B)$ vorausgesetzt; für φ, u, v, W können nach Erfordernis φ_i, u_i, v_i, W_i (auch $\varphi_i = \varphi^{(i-1)}$ usw.) gesetzt werden, wenn die dafür zuvor bei Gl. (41) geforderten Bedingungen gültig sind. Die Liste (41) ist als Beispiel zu werten und für den praktischen Gebrauch zu vervollständigen. Dabei kann das bisher vorliegende monotone Wachstum der Faktoren von $|u - v|$ in ϱ auch weiter garantiert werden.

Anschließend werden Ableitungsregeln eingeführt, die für „Eingangsfunktionen" mit gegebenen LIPSCHITZ-Abschätzungen bei der Addition/Subtraktion, bei der Produktbildung (evtl. Quotientenbildung) und der Substitution die LIPSCHITZ-Beziehungen auch für die Resultatausdrücke liefern.

Unter der Voraussetzung, daß zu r_1, r_2 bekannt sind:

$$T\left(r_j\left(\varphi_i + \begin{matrix}u_i\\v_i\end{matrix}\right)\right) \leqq \sum_{k=1}^{n} A_k^{r_j}\,|u_k - v_k| \quad \text{bei } |u_k|, |v_k| \leqq \varrho W_k \tag{42}$$

und evtl. Nebenbedingungen NB^{r_j} der Form wie in Gl. (41e, f), kann bei beschränkten $d_1, d_2 \in C^{(0)}\langle a, b\rangle$ eine Additions/Substraktionsregel abgelesen werden:

$$T\left(d_1(x)\,r_1\left(\varphi_i + \begin{matrix}u_i\\v_i\end{matrix}\right) \pm d_2(x)\,r_2\left(\varphi_i + \begin{matrix}u_i\\v_i\end{matrix}\right)\right) \leqq \sum_{k=1}^{n} \underbrace{(|d_1|\,A_k^{r_1} + |d_2|\,A_k^{r_2})}_{\eqqcolon A_k^{d_1r_1 \pm d_2r_2}}\,|u_k - v_k|, \tag{43a}$$

bei $|u_k|, |v_k| \leqq \varrho W_k$ und den Nebenbedingungen $NB^{d_1r_1\pm d_2r_2} = NB^{r_1} \wedge NB^{r_2}$.

Für die Multiplikation von $r_1 * r_2$ wird über eine Zerlegung

$$\begin{aligned}
&T\left(r_1\left(\varphi_i + \begin{matrix}u_i\\v_i\end{matrix}\right) * r_2\left(\varphi_i + \begin{matrix}u_i\\v_i\end{matrix}\right)\right)\\
&= \Bigg|\left[r_1(\varphi_i + u_i) - r_1(\varphi_i + v_i) - \sum_{l=1}^{n} \frac{\partial r_1(\varphi_i)}{\partial \varphi_l}(u_l - v_l)\right] r_2(\varphi_i)\\
&\quad + r_1(\varphi_i)\left[r_2(\varphi_i + u_i) - r_2(\varphi_i + v_i) - \sum_{l=1}^{n} \frac{\partial r_2(\varphi_i)}{\partial \varphi_l}(u_l - v_l)\right]\\
&\quad + [r_1(\varphi_i + u_i) - r_1(\varphi_i + v_i)] * [r_2(\varphi_i + u_i) - r_2(\varphi_i)] + [r_1(\varphi_i + v_i) - r_1(\varphi_i)]\\
&\quad * [r_2(\varphi_i + u_i) - r_2(\varphi_i + v_i)]\Bigg| \leqq \sum_{k=1}^{n} A_k^{r_1 * r_2}\,|u_k - v_k|
\end{aligned}$$

und Gl. (42)

$$A_k^{r_1 * r_2} = |r_1(\varphi_i)| \, A_k^{r_2} + |r_2(\varphi_i)| \, A_k^{r_1} + \varrho \sum_{l=1}^{n} (B_l^{r_1} B_k^{r_2} + B_l^{r_2} B_k^{r_1}) \, W_l \tag{43b}$$

mit

$$B_k^{r_j} = \left| \frac{\partial r_j(\varphi_i)}{\partial \varphi_k} \right| + A_k^{r_j}, \quad NB^{r_1 * r_2} = NB^{r_1} \wedge NB^{r_2}$$

ermittelt.

Bei der Substitution ergibt sich eine Art Kettenregel. Dabei wird sogleich berücksichtigt, daß entsprechend der in E verwendeten Basisfunktionen (41) nur in *eine* Argumentstelle substituiert wird, obwohl eine Verallgemeinerung problemlos möglich ist. Eingesetzt wird somit in eine (Basis-)Funktion der Form (41)

$$T\left(r_1\left(\Phi + \begin{matrix} U \\ V \end{matrix}\right)\right) = \left| r_1(\Phi + U) - r_1(\Phi + V) - \frac{\partial r_1(\Phi)}{\partial \Phi} (U - V) \right| \tag{44}$$

$$\leqq A_1^{r_1}(W, \Phi) \, |U - V|$$

$$\text{mit } |U|, |V| \leqq \varrho W \text{ und evtl. } NB^{r_1}(W, \Phi),$$

bei der Φ, U, V, W zwar den entsprechenden Funktionsklassen angehören aber noch frei wählbar sind. Die einzusetzende Funktion r_2 genügt Gl. (42). Bei $|u_i|, |v_i| \leqq \varrho W_i$ und mit $\Phi = r_2(\varphi_i)$, $U = r_2(\varphi_i + u_i) - r_2(\varphi_i)$, $V = r_2(\varphi_i + v_i) - r_2(\varphi_i)$ ergibt das Eintragen von r_2 in r_1:

$$T\left(r_1\left(r_2\left(\varphi_i + \begin{matrix} u_i \\ v_i \end{matrix}\right)\right)\right) = \Bigg| \underline{r_1(\Phi + U) - r_1(\Phi + V) - \frac{\partial r_1(\Phi)}{\partial \Phi} (U - V)} + \frac{\partial r_1(\Phi)}{\partial \Phi}$$

$$* \left[r_2(\varphi_i + u_i) - r_2(\varphi_i + v_i) - \sum_{l=1}^{n} \frac{\partial r_2(\varphi_i)}{\partial \varphi_l} (u_l - v_l) \right] \Bigg| \leqq \sum_{k=1}^{n} A_k^{r_1(r_2)} \, |u_k - v_k| \, .$$

Um hierin Gl. (44) für die unterstrichenen Glieder der 1. Zeile anwenden zu können, wird nach den Voraussetzungen über $r_2(\varphi_i)$ ($B_l^{r_2}$ aus Gl. (43b)) und $|u_l| \leqq \varrho W_l$, $v_l = 0$

$$|U| = \left| r_2(\varphi_i + u_i) - r_2(\varphi_i) - \sum_{l=1}^{n} \frac{\partial r_2(\varphi_i)}{\partial \varphi_l} u_l + \sum_{l=1}^{n} \frac{\partial r_2(\varphi_i)}{\partial \varphi_l} u_l \right| \leqq \varrho \sum_{l=1}^{n} B_l^{r_2} W_l \, ,$$

ebenso $|V| \leqq \varrho \sum_{l=1}^{n} B_l^{r_2} W_l$ benutzt und die Gl. (44) mit $W = \sum_{l=1}^{n} B_l^{r_2} W_l$

und $\Phi = r_2(\varphi_i)$ herangezogen. Das liefert für $|u_i|, |v_i| \leqq \varrho W_i$ $(0 \leqq \varrho < B)$

$$T\left(r_1\left(r_2\left(\varphi + \begin{matrix} u_i \\ v_i \end{matrix}\right)\right)\right) \leqq \sum_{k=1}^{n} A_k^{r_1(r_2)} |u_k - v_k| \tag{45}$$

mit

$$A_k^{r_1(r_2)} = A_1^{r_1} \left(\sum_{l=1}^{n} B_l^{r_2} W_l, r_2(\varphi_i)\right) B_k^{r_2} + \left|\frac{\partial r_1(\Phi)}{\partial \Phi}\right| A_k^{r_2}, \; \Phi = r_2(\varphi_i),$$

$$NB^{r_1(r_2)} = NB^{r_2} \wedge NB^{r_1} \left(\sum_{l=1}^{n} B_l^{r_2} W_l, r_2(\varphi_i)\right).$$

Zur praktischen Handhabung sei bemerkt, daß alle aus den Grundfunktionen und den Ableitungsregeln erhaltenen Bildungen A_k^r mit ϱ monoton wachsend sind. Ihre Bestimmung erfolgt im Automaten ohne zusätzliche Abschätzung, so daß sie relativ einfach bleibt. Die partiellen Differentiale von $r(\varphi_i)$ werden bei der Linearisierung der Aufgabe nach Gl. (22a) sowieso benötigt und erfordern keinen Zusatzaufwand. Lediglich bei der Auswertung der Nebenbedingungen sind Schrankenberechnungen nötig. Letztlich müssen wegen Forderungen der Form $|\Phi(x)| \geqq \varrho W(x)$ zulässige Wertebereiche für den Parameter ϱ beachtet werden. Hierzu lassen sich wiederum die Mittel der Intervallrechnung aus Abschnitt 5.3. ausnutzen, die in diesem Fall höchstens die Aufspaltung eines Variablenbereiches $\langle a, b\rangle$ in Teile erfordern.

Die Berechnungsvorschriften für die LIPSCHITZ-Faktoren A_k^r können analog zur Differentiation aus der Code-Liste zur Ermittlung von $r(x, \varphi_i)$ durch passende Substitutionen erhalten werden. Das Vorgehen wurde in verschiedenen Diplomarbeiten auf der Basis des FORMAC-FMS auf ESER-Rechnern implementiert. Nach diesen Erfahrungen [2, 6] entspricht die Qualität der Ergebnisse zumindest der „Handarbeit" und übertrifft diese bei komplizierten Ausdrücken mit größerem n. Sehr schnell erweist sich die rechnergestützte Bearbeitung als einzig mögliche.

Die Anweisungen zur Bestimmung der A_k^r werden hier nur für die Grundfunktionen der Liste (41) und die Ableitungsregeln der Gl. (43a, b)/(45) aufgeschrieben. Außerdem wird zugunsten einer einfachen Darstellung auf Fallunterscheidungen und Optimierungen bez. des Aufwandes (Bedarf an Variablenbezeichnungen und Anweisungen) verzichtet. Vorausgesetzt wird, daß Codelisten entsprechend 5.1., 5.2. für die Berechnung von $r(x, \varphi_1, \ldots, \varphi_n)$ und das totale Differential $Dr = \sum_{i=1}^{n} \frac{\partial r}{\partial \varphi_j} d\varphi_j$ (mit x als Parameter) vorliegen. Die Eingangsvariablen mit Werten $x, \varphi_1, \ldots, \varphi_n, n$ werden mit X, PHI[i] $(i = 1, \ldots, n)$, N, ihre Differentiale als $DPHI[i]$ $(i = 1, \ldots, n)$ bezeichnet.

Die partiellen Ableitungen $\frac{\partial Ti}{\partial \varphi_j}$ aller Zwischenwerte Ti bei der Ermittlung von r sollen unter dem Namen $DTi : DPHI[j]$ aus der Codeliste für das totale Differential Dr bei den Anfangswerten $DPHI[j] = 1$, $DPHI[i] = 0$ $(i \neq j)$ als DTi entnommen werden (es erfolgt jeweils die Berechnung von Dr und damit DTi unter den Anfangswerten $DPHI[j] = 1$, $DPHI[i] = 0$ $(i \neq j)$).

Zur Berechnung der LIPSCHITZ-Faktoren A_k^r auch für alle Teilausdrücke von r werden zu allen Anfangs- und Zwischenwerten Ti der Codeliste für r, einschließlich der Konstanten, noch $(n + 1)$-Variable $A[j]Ti$ $(j = 1, \ldots, n)$ und NTi bereitgestellt. Letztere für die Aufnahme von Nebenbedingungen als Prüfbedingungen. Dazu kommen Variable $W[i]$, $(i = 1, \ldots, n)$, RO, $H[k]$, $(k = 1, 2, \ldots)$ für die Gewichtsfunktionen $W_i(x)$ (die als Funktionswerte wie die $\varphi_i(x), \ldots, \varphi_n(x)$ von außen zugeliefert werden), für den Wert von ϱ und nötige Hilfsgrößen. Vorausgesetzt wird dazu, daß in der Original-Codeliste für $r(x, \varphi_i)$ die Bezeichnung DTk, Uk, Vk (für Codeliste des Differentials reserviert), $A[j]\,Tk$, NTk, $DTk : DPHI[j]$, $W[j]$, RO, $H[k]$ $(j = 1, \ldots, n$, $k = 1, 2, \ldots)$ nocht vorkommen, um Konfusionen zu vermeiden. In den Anweisungen werden zur Vereinfachung auch Betragsbildungen und leicht verstehbare Laufanweisungen sowie komplexere Formeln zugelassen.

Als Vorspann erhält die zur Berechnung der A_k^r ergänzte Codeliste für $r(x, \varphi_i)$:

$A[j]\ X := A[j]\ PHI[i] := A[j]$ „Konstante" $= 0$ und $NX := NPHI[i] = N$ „Konstante" $=$ **true** (für i, $j = 1, \ldots, n$ und für alle „Konstanten")

(Alle LIPSCHITZ-Faktoren für x, φ_i, „Konstanten" sind nach Gl. (41a, b) Null, und die Nebenbedingungen sind erfüllt.)

Ergänzungen der Anweisungsliste für $r(x, \varphi_i)$: (dabei werden aufeinanderfolgend Gl. (41), (43), (45) mit (41c, d, f) herangezogen)

```
h  Ti:=Tj±Tk→h.1 for l:=1..N do A[l]Ti:=A[l]Tj+A[l]Tk od
             h.2 NTi:= NTj ∧ NTk
h  Ti:=Tj*Tk→ h.1 for l:=1..N do H[l]:=A[l]Tj+ABS(DTj:DPHI[l]) od;
                  for l:=1..N do H[l+N]:=A[l]Tk+ABS(DTk:DPHI[l]) od
   h.2 H[2*N+1]:=0; for l:=1..N do H[2*N+1]:=H[l]*W[l]
     +H[2*N+1] od;
       H[2*N+2]:=0; for l:=1..N do H[2*N+2]:=H[l+N]*W[l]
     +H(2*N+2] od
   h.3 for l:=1..N do A[l]Ti:=ABS(Tj)*A[l]Tk+ABS(Tk)*A[l]Tj
                  +RO*(H[2*N+1]*H[l+N]+H[2*N+2]*H[l]) od
   h.4 NTi:=NTj∧NTk
h  Ti:=exp(Tj)→h.1 for l:=1..N do H[l]:=A[l]Tj+ABS(DTj:DPHI[l]) od
```

```
(*) h.2 H[N+1]:=0; for l:=1..N do H[N+1]:=H[l]*W[l]
        +H[N+1] od
    h.3 for l:=1..N do A[l]Ti:=RO*H[N+1]*exp(Tj+RO*H[N+1])
                              *H[l]+exp(Tj)*A[l]Tj od
    h.4 NTi:=NTj

h   Ti:=sin(Tj)->h.1 wie h.1 in (*), h.2 wie h.2 in (*)
    h.3 for l:=1..N do A[l]Ti:=RO*H[N+1]*H[l]+ABS(cos(Tj))
    *A[l]Tj od
    h.4 NTi:=NTj
h   Ti:=ln(Tj)->h.1 wie h.1 in *), h.2 wie h.2 in *)

    h.3 for l:=1..N do A[l]Ti:=RO*H[N+1]*H[l]/(Tj*(Tj-RO
    *H[N+1]))+A[l]Tj/Tj od
    h.4 NTi:=NTj∧(RO*H[N+1]<Tj); if NTi= false then exit.        (46)
```

Diese Auswahl ist für weitere Grundfunktionen, bedingte Verzweigungsanweisungen und auch der einfachen Handhabung dienende Sonderformen (z. B. Potenzen) zu ergänzen, um die Funktionenklasse E zu erreichen. Die Prüfung der Nebenbedingungen erfolgt in diesem Programm nur lokal, jedoch ist eine Ausgabe und Gesamtinspektion möglich. Exakt wäre eine intervallmäßige Bearbeitung vorzusehen.

Die Funktion dieses Mechanismus soll am Beispiel $r(x, \varphi_1, \varphi_2) = \ln\left(1 + \varphi_1 * \sin(x^2 + \varphi_1 * \varphi_2)\right)$ verfolgt werden. Die Codeliste für r ergibt sich (mit $PHI[1] = \varphi_1$, $PHI[2] = \varphi_2$ als vorgegebenen Werten) zu

```
(*) 1 T1 :=PHI[1]*PHI[2]          5 T5 :=PHI[1]*T4
    2 T2 :=X*X                    6 T6 :=1 + T5
    3 T3 :=T1 + T2                7 T7 :=ln (T6)
    4 T4 :=sin (T3)               8   r :=T7
```

Für die totale Ableitung bezüglich $PHI[1]$, $PHI[2]$ liefert das Substitutionsverfahren nach Abschnitt 5.2.

```
1.1 V1  :=PHI[1]*DPHI[2]          4.2 DT4 :=V4*DT3
1.2 U1  :=PHI[2]*DPHI[1]          5.1 V5  :=PHI[1]*DT4
1.3 DT1 :=V1+U1                   5.2 U5  :=T4*DPHI[1]
2.1 V2  :=X*DX=0 **)              5.3 DT5 :=V5 + U5
2.2 U2  :=X*DX=0 **)              6   DT6 :=D1+DT5=DT5 **)
2.3 DT2 :=0                       7.1 V7  :=1/T6
3   DT3 :=DT1                     7.2 DT7 :=V7*DT6
4.1 V4  :=cos (T3)                8   Dr  :=DT7
```

(**): da X und 1 von $PHI[1]$, $PHI[2]$ unabhängig sind). Neue Eingangsgrößen sind $DPHI[1]$, $DPHI[2]$ und $DX = 0$. Die Wahl $DPHI[1] = 1$, $DPHI[2] = 0$ liefert die partiellen Ableitungen nach $PHI[1]$, Vertauschen der Werte 1 und 0 solche nach $PHI[2]$.

Die Berechnung der LIPSCHITZ-Faktoren für $r(x, \varphi_1, \varphi_2)$ erfordert die Ergänzung der Codeliste (*) nach Gl. (46). Zur Vereinfachung der Schreibweise wird $PHI[i] = Pi$, $A[1]\,Tj = ATj$, $A[2]\,Tj = BTj$, $H[i] = Hi$, $W[i] = Wi$ und die Laufanweisung durch Summen abgekürzt. Außerdem werden in der Liste die Eingangswerte aus Zeile 0.1 und 0.2 sowie $DX = 0$ sofort berücksichtigt und damit Platz gespart. Es ergibt sich für Ar, Br:

```
      0.1 AX:=BX:=AP1:=BP1:=AP2          } Eingangswerte (vgl. über
          :=BP2:=A1:=B1:=0               }  Gl. (46))
      0.2 NX:=NP1:=NP2:=N1:=true         }
(***) 1.1 H1:=ABS(DP1:DP1), H2:=ABS(DP1:DP2), H3:=ABS
          (DP2:DP1), H4:=ABS(DP2:DP2)
      1.2 H5:=H1*W1+H2*W2, H6:=H3*W1+H4*W2
      1.3 AT1:=RO*(H5*H3+H6*H1), BT1:=RO*(H5*H4+H6*H2)
      1.4 NT1:=true
      2.1 H1:=0, H2:=0, H3:=0, H4:=0   2.2 H5:=0, H6:=0
      2.3 AT2:=0, BT2:=0               2.4 NT2:=true
      3.1 AT3:=AT1+AT2, BT3:=BT1+BT2
      3.2 NT3:=NT1∧NT2
      4.1 H1:=AT3+ABS(DT3:DP1), H2:=BT3+ABS(DT3:DP2)
      4.2 H3:=H1*W1+H2*W2
      4.3 AT4:=RO*H3*H1+ABS(cos(T3))*AT3, BT4:=RO*H3*H2
          +ABS(cos(T3))*BT3
      4.4 NT4:=NT3
(***) 5.1 H1:=ABS(DP1:DP1), H2:=ABS(DP1:DP2),
          H3:=AT4+ABS(DT4:DP1),
          H4:=BT4+ABS(DT4:DP2)
      5.2 H5:=H1*W1+H2*W2, H6:=H3*W1+H4*W2
      5.3 AT5:=ABS(P1)*AT4+RO*(H5*H3+H6*H1),
          BT5:=ABS(P1)*BT4+RO*(H5*H4+H6*H2)
      5.4 NT5:=NT4
      6.1 AT6:=AT5, BT6:=BT5           6.2 NT6:=NT5
      7.1 H1:=AT6+ABS(DT6:DP1), H2:=BT6+ABS(DT6:DP2)
      7.2 H3:=H1*W1+H2*W2
      7.3 AT7:=RO*H3*H1/T6/(T6-RO*H3)+AT6/T6,
          BT7:=RO*H3*H2/T6/(T6-RO*H3)+BT6/T6
      7.4 NT7:=NT6∧(RO*H3<T6); if NT7=false then exit.
```

In diesen 3 miteinander verschränkten Codelisten liefern $T7 = \ln \big(1 + \varphi_1 * \sin (x^2 + \varphi_1\varphi_2)\big)$ und $AT7 = A_1^r$, $BT7 = A_2^r$ die zugehörigen LIPSCHITZ-Faktoren.

(Bei *** wird $DPi : DPk = 1$ für $i = k$, $= 0$ für $i \neq k$ benutzt, andere partielle Ableitungen wie $DT3 : DP1$ werden aus der Codeliste für Dr mit $DPHI[1] = 1$, $DPHI[2] = 0$ und analog für andere Differentialquotienten entnommen). Während die Codelisten für r, Dr, A_i^r vom Automaten ebenso bequem aufgestellt wie auch durchgerechnet werden können, so wird auf die explizite Darstellung der A_1^r, A_2^r gern verzichtet. Die interessanten Fragen nach einer Optimierung der Codelisten und auch deren weitgehend parallele Bearbeitungsmöglichkeiten können hier nicht weiter verfolgt werden, obwohl sie praktisch relevant sind. Die Formelmanipulation sollte immer möglichst effektiv ausgeführt werden können.

6. Zusammenfassung, Ausblicke und ein Arbeitsprogramm

Sowohl die im Kapitel 2 verfolgte Entwicklungslinie moderner Programme und Programmpakete als auch die Forderung nach überschaubaren und darum analytisch aufgebauten Lösungsdarstellungen der unterschiedlichsten Aufgaben der Praxis im Kapitel 4 führen in die gleiche Richtung. In jedem Fall wird der Einsatz des Computers als analytische Maschine erforderlich. Das entspricht dabei nicht nur den Intentionen der Pioniere der Rechentechnik, CHARLES BABBAGE und KONRAD ZUSE, sondern ermöglicht ein höheres Arbeitsniveau der gesamten anwendungsorientierten Mathematik, auf dem Routinearbeit und sicher einiges darüber hinaus vom Computer übernommen wird. (Äußerlich sollte sich das durch Reduktion der Papiermassen bemerkbar machen, die heute noch die numerischen Rechenarbeiten am Automaten charakterisieren).

Der Einsatz des Computers als analytische Maschine erfordert eine Sichtung und den Ausbau der erforderlichen mathematischen Grundlagen. Als Muster sollen die Beiträge im 4. Kapitel gelten, die sich mit Differentialgleichungen als typischer Aufgabenklasse befassen. Charakteristisch ist für die Bearbeitung, daß sie immer bis zu einer sachgerechten Fehlereingrenzung geführt wird. Dabei können Anforderungen an den Rechner herausgehoben werden: neben Differentiationen und Integrationsaufgaben sind das vor allem die Handhabung von (Reihen-)Entwicklungsverfahren (mit Fehlerangaben), Schrankenberechnungen und Linearisierungsprinzipien, wie LIPSCHITZ-Beziehungen verschiedener Ordnung (ggf. auch Mitnahme quadratischer Glieder). Im 5. Kapitel werden einige dieser Aufgabenstellungen genauer untersucht und dabei enge Beziehungen mit Sprachstrukturen und zugehörigen Analysetechniken hervorgehoben. Typisch analytische Vorgehensweisen und die einfachsten Formelzerlegungen entsprechen einander. Auf dieser Basis können sämtliche Arbeitsschritte für die Behandlung gewöhnlicher Differentialgleichungen nach dem Vorgehen im Kapitel 4, 4.2.—4.4. bis zur Fehlereingrenzung auf den Automaten übertragen und im Prinzip im Dialog oder auch vollautomatisch ausgeführt werden. Die Approximation der Lösungen und die Fehlerangaben entsprechen nach den Beispielen (besonders in [2, 10, 50]) qualitätsmäßig völlig solchen, die in Einzelfällen auch mit der Handrechnung und entsprechenden Abschätzungen erhalten werden. Dabei ist der Computer schnell und zuverlässig und kann auch größte Probleme beherrschen, die sonst einer analytischen Bearbeitung völlig unzugänglich blieben.

Die Einzelresultate lassen überall Verallgemeinerungsmöglichkeiten hervortreten: für Systeme von Differentialgleichungen, Integraldarstellungen und zu allen analytischen Approximationsaufgaben sind Fehlerschranken zu fordern und maschinell realisierbar. Überall wird eine „kurze und übersichtliche" analytische Näherungslösung konkurrenzfähig. Andererseits lassen sich im bereitgestellten Instrumentarium Schwachstellen nicht übersehen, auch wenn der Weg zur Beseitigung deutlich ist: Beispielsweise sollten für Schrankenberechnungen bei Funktionen genauigkeits- und aufwandsmäßig abgestuftere Hilfsmittel bereitstehen; die programmtechnische Realisierung für die im Kapitel 5 behandelten Instrumente sind noch bez. Zeit- und Speicherbedarf sowie der Handhabbarkeit zu optimieren. Die Entwicklung qualitativer Analysemethoden für die verschiedensten Problemstellungen ist generell voranzubringen. Davon hängt letztlich die geeigneteste Wahl von angepaßten Lösungsmethoden und -ansätzen ab und gestattet den Verzicht auf unzweckmäßige Standards. Beispiele hierzu sind im 2. Kapitel zu finden, wo die Problemklassifikation in Verbindung mit der Sprachanalyse und die anschließende Abschätzung der „Steifigkeit" der Aufgaben als Schritte in dieser Richtung gewertet werden. Es ergeben sich ganz nebenbei auch wichtige Beiträge für eine automatische Problemlösungstechnik.

In den Jahrzehnten um 1900 und den davorliegenden 2 Jahrhunderten wurden zahlreiche Arbeiten zur exakten und approximativen Lösung mathematischer, anwendungsorientierter Probleme auf analytischer Basis durchgeführt. Das Resultat waren oft neue mathematische Grundlagen, wie sich durch den Hinweis auf verschiedenste Reihenentwicklungen und auf Ansätze zu funktionalanalytischer Betrachtungsweise belegen läßt. Für die praktische Arbeit dominiert jedoch bis heute das rein numerische Rechnen. Daran hat auch die Bereitstellung der zahlreichen und leistungsfähigen Formelmanipulationssysteme mit dem Computer zu wenig geändert. (Vgl. hierzu die Ausführungen im 3. Kapitel.) Die Gründe mögen vielfältig sein; vor allem aber mangelte es häufig sowohl bei den Spezialisten der Numerik als auch bei denen der Computer-Wissenschaft am gegenseitigen Verständnis, und das hatte das Fehlen der notwendigen Querverbindungen zwischen den Disziplinen zur Folge. So werden vom Mathematiker Fehlereingrenzungen als analytisch zu aufwendig gewertet, obwohl das dem Computer ohne Schwierigkeiten übertragen werden kann. Ebenso fehlt dem Computer-Spezialisten die gedankliche Brücke zwischen Programmierungssprachen, Compilern und Interpretern zur mathematischen Analysis und zu den analytischen Arbeitsmethoden und Abschätzungen. Dabei erweisen sich diese Verbindungen nach Kapitel 5 manchmal sogar als einfache Isomorphien. Es gilt daher, die vielen Einzelresultate zu sammeln, die mit FMS bei analytischen Arbeiten erzielt wurden, bzw. die zur analytischen Bearbeitung mit dem Computer notwendigen mathematischen Ergänzungen und Instrumente entsprechend dem Beispiel im Kapitel 4 herzuleiten und wie im Kapitel 5 für den Automaten aufzubereiten und zu realisieren. Diese Technik und die zugehörigen Programme sind zu einem zentralen und integralen Gegenstand der anwendungsorientierten Mathematik zu entwickeln. Auf einem hohen Niveau moderner Automatisierungsmittel und als Schlüssel zur Entwicklung künstlicher Intelligenz ist eine Renaissance auch älterer analytischer Arbeitsweisen für die Praxis zu bewirken. Ebenso ist den einheitlichen sprachlichen Grundlagen, einschließlich deren Ausnutzung für analytische Arbeiten wie im Kapitel 2 dargelegt, die notwendige Aufmerksamkeit zuzuwenden; hierzu gehört die Möglichkeit zur Heranziehung existierender FMS.

Im Wissenschaftsbereich Mathematische Kybernetik und Rechentechnik der Sektion Mathematik der Technischen Universität Dresden wurde diesen Fragen sowohl aus der Sicht der Mathematik als auch der Informatik seit etwa 15 Jahren entsprechende Beachtung geschenkt. Neben den bereits im Bericht vorgestellten Beiträgen, die immer ausdrücklich auf den Computer-Einsatz ausgerichtet waren — sogar zu einer Zeit, als dazu manche geräte- und programmäßige Voraussetzungen fehlten — sind hier weitere interessante Ergebnisse erzielt worden, von denen nur einige genannt werden können:

So löst Hantzschmann allgemeine Randwertaufgaben bei Differentialgleichungssystemen mittels Spline-Polynom-Ansätzen nach einer Projektionsmethode und koppelt sie mit Fehlerabschätzungen, die analytisch vom Automaten bewältigt werden [24]. Der zusätzliche Aufwand bleibt erträglich. Richter approximierte Differentialgleichungen durch andere, deren Lösung mit dem analytisch arbeitenden Automaten möglich ist; die Fehlerabschätzungen werden wieder der Rechenmaschine übertragen [53]. Zum Schluß sei erwähnt, daß Schipke kürzlich bei der Entwicklung spezieller Romberg-Integrationsverfahren für belastete Integrale zeigen konnte, wie der für analytische Arbeiten ausgenutzte Automat sowohl bei der Suche von Lösungsansätzen als auch beim induktiven Beweis solcher mit Vorteil eingesetzt werden kann [57]. Die Fragen der sprachlichen, formalen Darstellung und deren Transformationen erweisen sich dabei wiederum als eng miteinander gekoppelt und entscheidend für den Erfolg. Mit dieser Arbeit wurde ein wichtiger Beitrag zur rechnergestützten Problemlösung erbracht, bei dem sich der Einsatz gelohnt hat. Hierzu gibt es eine weitere Lehre: auch beim Problemlösen muß der jeweilige Suchraum sachgerecht eingeengt werden, sofern bald praxiswirksame Ergebnisse erreicht werden sollen. Alles andere bedeutet: „auf ein Wunder hoffen", und das dauert oft recht lange. Die vorgestellten Ergebnisse sind als Teil eines Arbeitsprogrammes zu sehen, das auch weiterhin fortgesetzt wird.

Diese Entwicklung einer Computer-Analytik hat danach und ebenso international schon lange begonnen, wenn das auch kaum bewußt bemerkt wurde. Heute sind die vorgelegten Ergebnisse insgesamt so vielversprechend, daß wohl bald die Bücher der Numerischen Mathematik durch ein Pendant über rechnergestützte analytische Näherungslösungen ergänzt werden können. Die Hauptarbeit ist bei der „Erziehung", der Programmierung des Rechenautomaten besonders für die Durchführung von Abschätzungen und adaptiver Verfahren sowie bei der Entwicklung der konstruktiven und anwendungsorientierten Mathematik selbst zu leisten. Andererseits darf erwartet werden, daß der Einsatz des Computers als Analytische Maschine Rückwirkungen auf seine eigene Struktur und eine Erhöhung seiner Leistung bedingen wird. Die schnelle Durchsetzung aller dieser neuen Einsatzmöglichkeiten der elektronischen Informationsverarbeitung wird jedoch davon abhängen, ob und wie es gelingt, gerade die junge Generation von Mathematikern und Informatikern dafür vorzubereiten und zu begeistern.

Literaturverzeichnis

[1] Alefeld, G.; Herzberger, I.: Einführung in die Intervallrechnung. Bibliographisches Inst. Mannheim—Wien—Zürich 1974

[2] Anger, E.: Hilfsmittel zur rechnergestützten Fehlereingrenzung bei Differentialgleichungen. Diplomarbeit, TU Dresden, Sekt. Mathematik/WB MKR 1983

[3] Apostolatos, N.; Karabatzos, G.: Set Functions and Applikations. In Interval Mathematics 1980, p. 1—24, (Nickel, K., L., E. (ed.)) Academic Press New York—London—Toronto—Sydney—San Francisco 1980

[4] Bahr, K.: FORMAC 73 User's Manual. Darmstadt, GMD/IFV 1973

[5] de Beauclair, W.: Rechnen mit Maschinen. Vieweg & Sohn Braunschweig 1968

[6] Beugel, Th.: Beitrag zur rechnergestützten Fehlerabschätzung bei Differentialgleichungen. TU Dresden, Sekt. Mathematik/WB MKR, Diplomarbeit 1982

[7] Birch, Th.: The History of the Royal Society of London, for improving of Natural Knowledge, from its first rise. Vol. III, London 1757

[8] BORMANN, J.; LÖTZSCH, J.: Definition und Realisierung von Fachsprachen mittels DEPOT. Dissertation B und A, TU Dresden 1974

[9] BUCHBERGER, B. et al. (editors): Computer Algebra Symbolic and Algebraic Computation. Computing Suppl. 4, Springer-Verl. Wien – New York 1982

[10] BÜRGER, B.: Anwendung eines Formelmanipulationssystemes für Fehlerabschätzungen. Diplomarbeit, TU Dresden 1980, Sekt. Mathematik/WB MKR

[11] CALMET, J. (ed.): Proc. Computer Algebra 1982. Lecture Notes in Computer Science, Vol. 144, Springer-Verl. Berlin – Heidelberg – New York – Tokyo 1983

[12] CHENIN, P.: Une representation integrale de l'erreur d'interpolation a une et plusieurs variables; Seminaire d'analyse numerique Université Scientifique et Medicale de Grenoble, Labratoire I.M.A.G. 1978 – 79

[13] COLLATZ, L.: The Numerical Treatment of Differential Equations. Springer-Verl. Berlin – Göttingen – Heidelberg 1959

[14] DAVENPORT, J., H.: On the Integration of Algebraic Functions. Lecture Notes in Computer Science, Vol. 102, Springer-Verl. Berlin – Heidelberg – New York 1981

[15] DAVENPORT, J., H.: Integration Formal and Numeric Approaches. Proc. of the Int. Conf. on Tools, Methods and Languages for Scientific and Engineering Computation, May 1983, Paris (INRIA-Press)

[16] DELLA DORA, J.; TORNIAR, I.: Formal Solutions of Differential Equations in the Neighbourhood of Singular Points. SYMSAC 1981, 25 – 29

[17] DELLA DORA, J. et al.: An algorithm to obtain formal solutions of a linear homogeneous differential equation at an singular point. In [11].

[18] DEPRIT, A.; HENRARD, J.; ROM, A.: Lunar Ephemeris: Delaunay's Theory Revisited. Science 168 (1979), p. 1569 – 1570

[19] FISCHER, Chr.: Behandlung ausgewählter Probleme der Formelmanipulation mit DEPOT. TU Dresden, Sekt. Mathem./WB MKR, Diplomarbeit 1975

[20] ФОМИНА, В. М. (изд.) Принципы организации пакетов прикладних программ. Институт теоретической прикладной механики, Новосибирск 1981. (Bericht über gemeins. Seminar d. Inst. f. theor. u. angew. Mech. d. Sibir. Abtlg. d. AdW d. UdSSR und des WB MKR d. Sekt. Math. d. TU Dresden im März 1980 in Nowosibirsk)

[21] GEBAUER, H.-D.: Programmierungssprachliche Hilfsmittel für Programmpakete und integrierte Programmsysteme. Dissertation A, TU Dresden 1983

[22] GOLOMB, M.; WEINBERGER, H. F.: Optimal approximation and error bounds. On numerical approximation, Proc. of a Symp., Madison Apr. 1958, pp. 177 – 190 (Langer, R. E. (ed.); Publ. No. 1 of the Math. Research Center, U.S. Army, the University of Wisconsin, the University of Wisconsin Press 1959)

[23] HANSEN, E., R.: A generalized interval arithmetic. In Interval Mathematics, Lecture Notes in Computer Science, Vol. 29 (1975), Springer-Verl. Berlin – Heidelberg – New York

[24] HANTZSCHMANN, K.: Zur Lösung von Randwertaufgaben bei Systemen gewöhnlicher Differentialgleichungen mit dem Ritz-Galerkin-Verfahren. Dissertation B, TU Dresden 1983

[25] HARTT, K.: Some Analytic Procedures for Computers and their Application to a Class of Multidimensional Integrals. Journ. ACM, (1964), Vol. 4, p. 416—421

[26] HERMES, H.: Aufzählbarkeit, Entscheidbarkeit, Berechenbarkeit. Springer-Verl. Berlin—Heidelberg—New York 1971

[27] HORN, D.; JAHNKE, H.-G.; SANDMANN, H.: Programmpaket zur numerischen Lösung von Anfangswertaufgaben. TU Dresden, Schriftenreihe WBZ MKR/IV (1982), Heft 56

[28] HUSBERG, N.: REDUCE-2 and ANALYTIK-74, a comparison. Helsinki University of Technology, Computing Center, Research Report 20 (1982)

[29] JAHN, K., U.: The Importance of 3-valued Notions for Interval Mathematics. In Interval Mathematics 1980, p. 75—78, (Nickel, K., L., E. (ed.)) Academic Press New York—London—Toronto—Sydney—San Francisco 1980

[30] ЯНЕНКО, Н. Н. и др.: Современное состаяние, пути дальнешего развития разроботки пакетов и архитектуры системы ,,НСТОК'' для организации, эксплуатации пакетов прикладных программ. В принципы организации пакетов прикладных программ. Институт теоретической прикладной механики, Новосибирск 1981

[31] KAMKE, E.: Differentialgleichungen, Lösungsmethoden und Lösungen I. Akad. Verl. Ges. Leipzig 1944

[32] KAHAN, W. M.: Interval Arithmetic options in the proposed IEEE Floating Point Arithmetic Standard. In Interval Mathematics 1980 (Nickel, K., L., E. (ed.), Academic Press 1980 New York—London—Toronto—Sydney—San Francisco

[33] KEDEM, G.: Automatic Differentiation of Computer Programs. ACM Transact. on Meth. Softw. (1980), Vol. 6, 2 p. 150—165

[34] KLONOWER, L.; KOFER, C.: Ein Algorithmus zur symbolischen Differentiation von Funktionen mit Hilfe eines Rechenautomaten. Wiss. Zeitschr. TU Dresden **25** (1976) 1/2, S. 189—193

[35] LEHMANN, N. J.: Allgemeine Taylorformel als Projektionsmethode mit Restglied. (Spezialvorlesungen TU Dresden 1960)

[36] LEHMANN, N. J.: Fehlerschranken für Näherungslösungen bei Differentialgleichungen. Numerische Mathematik **10**, (1967), S. 261—288

[37] LEHMANN, N. J.: Aufbau und Organisation von Programmpaketen. TU Dresden, Schriftenreihe WBZ MKR/IV (1974), Heft 8, S. 1—7

[38] LEHMANN, N. J.: Problem-oriented Languages and DEPOT Implementing System. Lect. Notes in Computer Sc., Vol. 47, Springer-Verl. Berlin—Heidelberg—New York 1977, S. 1—20

[39] LEHMANN, N. J. (ed.): Report on the definition and implementation of spezialized languages. TU Dresden, Schriftenreihe WBZ MKR/IV (1978), Heft 38 (2 Teile), (zu DEPOT insbesondere S. 116—146 und S. 284 u. folg.)

[40] LEHMANN, N. J.: Sprachlich gestützte und geleitete EDV-Projektierung. Sitzungsber. d. AdW der DDR, 19 N (1980), Akad.-Verl. Berlin 1981

[41] LEHMANN, N. J.: Sprache und Stilistik als Basis einer Programmierungstechnologie. Tagungsbericht Grundlagen und Anwendung der IV, TH Karl-Marx-Stadt 1982

[42] LEHMANN, N. J.: Vom Rechenschema zur Analytischen Maschine. Vortrag zum Willers-Kolloquium 1983, Wiss. Zeitschr. TU Dresden 33 (1984) H. 2, S. 77—83.

[43] LIEBER, S.: Realisierung von Dialogprogrammiersystemen auf der Grundlage von Attributgrammatiken. Dissertation A, TU Dresden 1983

44] MATHLAB Group: MACSYMA Reference Manual. M.I.T. Cambridge, Mass.: Lab. of Comp. Science 1977

[45] MOORE, R. E.: Intervallanalyse. Oldenburg-Verl. München—Wien 1969

[46] MOSES, J.: Symbolic Integration. The Stormy Decade. SYMSAM 1971, 427—440 and Comm. ACM 14 (1971), 548—560

[47] NICKEL, K.: Triplex Algol and its application. In Topics in Interval Analysis (Hansen, E. R. (ed.)), Oxford Univ. Press 1969

48] NOLAN, J.: Analytic Differentiation on a Digital Computer. MA Thesis, Math. Dept. M.I.T. Cambridge, Mass. 1953

[49] PARLIS, A. J. et al.: A Definition of Formula ALGOL. Cornegie Mellon Inst., Pittsburg, Computer Center 1966

[50] PFRETZSCHNER, R.: Realisierung von Fehlerabschätzungen zu gewöhnlichen Randwertaufgaben. Dissertation A, TU Dresden 1976

[51] RALL, I. B.: Automatic Differentiation. Techniques and Applications. Lecture Notes in Computer Science. Vol. 120, Springer-Verl. Berlin—Heidelberg—New York 1981

[52] RATSCHEK, H.; ROKNE, J.: Optimality of the Centered Form. In Interval Mathematics 1980, p. 499—508, (Nickel, K., L., E. (ed.)) Academic Press New York—London—Toronto—Sydney— San Francisco 1980

[53] RICHTER, P.: Einsatz eines analytischen Iterationsverfahrens zur Lösung von Randwertaufgaben. Dissertation A, TU Dresden 1982

[54] RISCH, R. H.: The Problem of Integration in Finite Terms. Trans. AMS, Vol. 139 (1969), p. 167

[55] ROOS, D.: ICES-System General Description. M.I.T. Cambridge, Mass. 1977

[56] SANDMANN, H.; JAHNKE, H.-G.: Mathematische Grundlagen einer Strategie für automatisch gesteuerte Programmpakete zur Lösung von Anfangswertaufgaben gewöhnlicher Differentialgleichungen. TU Dresden, Schriftenreihe WBZ MKR/IV (1979), Heft 36, S. 54—60

[57] SCHIPKE, S.: Zur Entwicklung von Romberg-Quadraturverfahren für Produktintegrale mit Hilfe von Formelmanipulationssystemen. Dissertation B, TU Dresden 1981

[58] STEVENSON, D.: A proposed Standard for Binary Floating-Point Arithmetic. (DRAFT 8.0 of IEEE Computer Society, Task P754) Computer magazine, March 1981

[59] STOER, J.; BURLISCH, R.: Einführung in die Numerische Mathematik II. Springer-Verl. Berlin—Heidelberg—New York 1978

[60] STOYAN, H.: Formelmanipulation auf dem Vormarsch. TU Dresden, Schriftenreihe WBZ MKR/IV (1980), Heft 42, S. 135—161

[61] TÄUBERT, J.: Beiträge zur Gestaltung und Effektivitätssteigerung eines Modellprogrammpaketes für gewöhnliche Differentialgleichungen. Dissertation A, TU Dresden, Sekt. Mathematik 1984

[62] TOBEY, R.: PL1-FORMAC-Interpreter. User's Reference Manual 1969

[63] WILLIAMS, I. H.: Algebra of Polynomials in Several Variables for a Digital Computer. Journ. ACM (1962), Vol. 9, p. 29—40

[64] YUN, D. Y. Y.; STOUTEMEYER, R. D.: Symbolic Mathematical Computation. In: Encyclopedia of Comp. Science and Technology, Vol. 15, Marcel Dekker New York—Basel 1980

Heft 6 Prof. Dr. rer. nat. FRIEDRICH WOLF / Dr. rer. nat. URSULA KOCH, Über den Einfluß der chemischen Struktur von Dispersionsfarbstoffen auf deren Dispersionsstabilität
1979. 18 Seiten – 3 Abbildungen – 10 Tabellen – 8° – M 3,50

Heft 7 Prof. Dr. rer. nat. FRIEDRICH WOLF / Dr. rer. nat. WOLFGANG HEYER, Zur Sorption an Tetracalciumaluminathydroxysalzen 1980. 12 Seiten – 5 Abbildungen – 4 Tabellen – 8° – M 2,–

Band 114

Heft 1 Prof. Dr. HASSO ESSBACH, Morphologisches zur orthologischen und pathologischen Differenzierung und zum Anpassungs- und Abwehrvermögen der menschlichen Placenta
1980. 19 Seiten – 12 Abbildungen – 8° – M 4,–

Heft 2 Prof. Dr. med. WERNER RIES, Risikofaktoren des Alterns aus klinischer Sicht
1980. 19 Seiten – 9 Abbildungen, davon 1 Abbildung auf Tafel – 8° – M 4,–

Heft 3 Prof. Dr. OTT-HEINRICH KELLER, Anschaulichkeit und Eleganz beim Alexanderschen Dualitätssatz
1980. 19 Seiten – 8° – M 4,–

Heft 4 Prof. Dr. rer. nat. BENNO PARTHIER, Die cytologische Symbiose am Beispiel der Biogenese von Zellorganellen 1981. 29 Seiten – 16 Abbildungen – 2 Tabellen – 8° – M 6,–

Heft 5 Prof. Dr. F. WOLF / Dr. S. ECKERT / Dr. M. WEISE / Dr. S. LINDAU, Untersuchungen zur Synthese und Anwendung bipolarer Ionenaustauschharze 1980. 12 Seiten – 6 Tabellen – 8° – M 2,–

Heft 6 Prof. Dr. med. HERBERT JORDAN, Balneobioklimatologie – Eine Zielstellung im Mensch-Umwelt-Konzept 1981. 25 Seiten – 8 Abbildungen – 1 Tabelle – 8° – M 4,–

Band 115

Heft 1 Prof. Dr. rer. nat. HERMANN BERG, Wilhelm Ostwald – Erkenntnisse über die Biosphäre
1981. 36 Seiten – 7 Abbildungen – 3 Tabellen – 8° – M 6,–

Heft 2 Prof. Dr. sc. KLAUS DÖRTER, Aphorismen zur Qualität des Bewässerungswassers
1981. 31 Seiten – 11 Abbildungen – 11 Tabellen – 8° – M 6,–

Heft 3 Prof. Dr.-Ing. Dr. rer. nat. h. c. PAUL GÖRLICH, Die geschichtliche Entwicklung des wissenschaftlichen Gerätebaus und seine zukünftige Bedeutung 1981. 36 Seiten – 8° – M 6,–

Heft 4 Prof. Dr. WOLFGANG BUCHHEIM, Albert Einstein als Wegbereiter nachklassischer Physik
1981. 29 Seiten – 8° – M 4,–

Heft 5 Prof. Dr.-Ing. HERBERT KRUG, Die Technologie der Brikettierung von Weichbraunkohle im Lichte der Verfahrenstechnik und der besseren Nutzung dieses Energieträgers
1982. 20 Seiten – 13 Abbildungen – 8° – M 3,–

Heft 6 Prof. Dr. ERNST NEEF, Der Verlust der Anschaulichkeit in der Geographie und das Problem der Kulturlandschaft 1981. 34 Seiten – 8° – M 5,–

Band 116

Heft 1 Prof. Dr. WERNER RIES, Studien zum biologischen Alter
1982. 27 Seiten – 10 Abbildungen – 8° – M 4,–

Heft 2 Prof. Dr. RUDOLF SACHSENWEGER, Augenunabhängige optosensorische Wahrnehmungsformen
1983. 19 Seiten – 8° – M 4,–

Heft 3 Prof. Dr. HANS-GEORG SCHÖPF, Die Griechen und die Natur 1983. 62 Seiten – 8° – M 8,–

Heft 4 Prof. Dr.-Ing. JÁN BENETIN, Mathematisches Modell für das Wachstum von landwirtschaftlichen Kulturen und seine Verwertung in der quantitativen Beurteilung des Bewässerungseffektes auf die Steigerung der Ernteerträge 1983. 36 Seiten – 18 Abbildungen – 3 Tabellen – 8° – M 6,–

Heft 5 Prof. Dr. HANS DRISCHEL †, Neues über die Pupille
1983. 30 Seiten – 26 Abbildungen – 8° – M 4,–

Heft 6 Prof. Dr. BENNO PARTHIER, Der Beitrag der Molekularbiologie zur Evolutionserkenntnis
1983. 41 Seiten – 19 Abbildungen – 2 Tabellen – 8° – M 6,–

Heft 7 Prof. Dr. ADOLF WATZNAUER, Die Rolle des Radons (Isotop ^{222}Rn) als Umweltfaktor – eine Übersicht
1983. 34 Seiten – 3 Abbildungen – 4 Tabellen – M 5,–

AKADEMIE-VERLAG

DDR - 1086 Berlin, Leipziger Straße 3–4